願いは100万倍返し!!

超隕石の宇宙最強パワー

超スゴッ！銀座で働く隕石王子のケタ違い銀河ビジネス術

星の王子

★★★★★★★★★

ヒカルランド

★

はじめに

隕石は人間に無限大のパワーを教えてくれる神さまからの贈り物

「【隕石】を手に入れる。隕石と真剣に向き合い、大宇宙からのパワーを自分の中に取り込むイメージを高めてみる。そして、感謝の念と祈りを捧げる。すると、魔法のように運気が改善して、なんでも願いが叶うようになる」

これは自信を持って言えることだ。

しかし、私がこう言って人々の背中を押しても、まだ多くの者は「嘘だあ〜」と思うだろう。しかし、どうして端からまやかしだと疑うのだろうか？　人間には本来、願いを実現させる潜在能力があるはずなのだ。

私はこう考える。それは、今の日本の社会こそが、人々が希望や夢を抱くことを抑制する、目に映らない大きな蓋になっているのだと。

「念じるだけで希望が叶う？　そんな都合の良い力なんてあるわけない」

「夢ばかり見ていないで、堅実に足元を見て歩きなさい」

こんなふうに古い人たちのサビついた価値観を、私たちは子供の頃から叩き込まれている。

こうやって皆が、脳が持っている**「願いを叶える神秘的な力」**をストップさせてしまうのだ。


今の日本は、もう末期状態だと断言していいだろう。

仕事、人間関係、お金、豊かさ……人間は本来、それぞれ自分のやりたいことを追求して願いを叶え、お互いを認め合い、尊重し合うことができる。そうした社会全体の成熟こそが「幸福感」の本質であると私は捉えている。ところが現実は、みんなが古い価値観の呪縛を受けまくり、横へならえをして「不幸せ」という名札が貼り付けられた「檻」に、自ら入っている。

これでは羊と変わらない。

私は、みんなが引きこもっているその古い檻を、隕石が持つ無限のパワーで壊したいと思っているのだ。

隕石を買おうと決断するということ……。その決断自体が、自分自身で新しい価値観に向かって扉を開き、古い檻を飛び出していくことを意味していると私は思っている。

「隕石」はこの50年以上先の「次の時代」を生き残っていく、**チャレンジャーたちのためのライフライン**であると言っても過言ではない。

私が隕石を初めて手に持ったとき、脳がパキッ！と目覚めた。そして、それまでの生き方を劇的に改めることができ、以前だったら想像すらできなかった、さまざまな体験をしてきた。そんな私だからこそ、隕石には人生を切り開いてくれる不思議な力があることを、みんなに伝えることができる。

社会に、仕事に、未来に……行き詰まりを感じている人は、私に会いに来てほしい。会いに来てくれたみんなと、私との間に、ある種の共鳴現象が起こる。大宇宙の神様からの贈り物があなたにも伝わり、「祈りのパワー」が大きく増幅していく。それが人生をステップアップさせることにつながるのだ。

この本が、その一助になればうれしい。

２０２０年　２月　星の王子

目次

★ 第2章 王子の足跡

★ 第3章 王子の慧眼

★ 第4章 王子の理想

★

第5章　王子の脳力

第6章　王子の展望

カバーデザイン・構成・編集　株式会社リリーフ・システムズ

★ 第1章 ★

星の王子

王子に質問

Q 「隕石を売る」という発想、われわれフツーの人にはとうてい浮かびませんが……。こんなに売れる理由はどこにあるのでしょう!?

A **それは、みなさんが現実的に隕石の効果を実感しているからです。100%断言できることです。**

それでは、実際に隕石を手に持っていただきながら、話をしましょうか。これは、中にパウダー状に砕いた隕石が入っているクッション。100%隕石だけを中に詰めてできているんです。どのくらいの量の隕石ですかって?

……そう、**金額に換算すると1千万円分**くらいかな。触ってみてください。いかがですか? じんわりと温かみを感じるでしょう?

隕石クッション。中には隕石の粉が詰まっており、体のコリや疲労を回復させてくれる。

これを持った人はさまざまな感覚を抱きます。反応もいろいろですが、だいたいの人がすぐに変化や効果を感じているのが、ありありとわかります。もう何人も目の当たりにしてきてますから。

今ではここ（お店）に足を運んでくれるお客様が、心の奥底でどんな問題を抱えていそうか、言葉を交わしているうちに、私にはだいたい見えてくるようになってきました。

極端な場合、その人が「どんな

人」なのかも。まず現在の境遇が見えてきて、人格なども伺い知れるようになっていきます。例えば、この前いらしたお客様。柔らかい物腰の方だったのですが、ちょっと周りに気を遣い過ぎる性格なのかな、と感じられて。

……最近はわりとそういう方が多いですね。そういうナイーブな人の多くは、だいたい「わきの下」や「股関節」が凝りやすかったり、**「気」が停滞している傾向**にあるのです。わきの下や股関節にはリンパ節があり、この部分の流れが悪くなれば、大きな病気にもつながりかねません。

もしそのような不調を覚えたら、この隕石クッションを抱えてもらったり、気になるところに当ててもらうようにしています。敏感な人だったら「なんだか温かみを感じる」とか、「クッションが呼吸をしているようだ」と、すぐに普通のクッションとは違うことに気がつきます。

このクッションを抱きながら1時間ほど会話をすると、帰る際に「驚くほど体が軽くなった」と言う人は数知れません。男性の中には勃起不全やEDにも効果があったという方もいて、女の子にモテるようになった、なんていう感想まで受けています。女性の方たちからは、「生理不順が正常に戻った」「結婚や妊娠・出産できた」などの報告が寄せられています。皆に共通していることは、**「自らの身体向上法や治し方が、身体レベルで分かってきた、自ら気づくことができた」**というのです。

いかがでしょうか？　隕石を所有するようになった人々に共通して、「うれしい変化」が起きている現実が、たしかにあるのです。

これには、いわゆる〝お守り〟の類《たぐい》がもたらす心理的な「思い込み作用」もあるのですが、実はもっと強いエネルギーによる別次元の現象なのです。

こうした事実が、宇宙の神秘への興味・関心、そして向上心を持つ人たちの心に響いて、全国から隕石を求めてお店にやって来るのです。

そうしたお客様の数は年々増え続けています。

全国からメディア取材も殺到中

私から隕石を買ってくださったお客様から、最近「もっとパワーアップしたい」「隕石を売る立場になってみたい」という声が多く寄せられるようになりました。それも日本全国から。そうしたリクエストが届いていることに私も驚いているんです。

きっかけはマツコ・デラックスさんのＴＶ番組に出演したことでしょうか。**番組内で「隕石王子」と紹介されて、**隕石の未知のパワーを本音で語った結果、視聴者のみなさんに大きなインパクトを与えることができたのだと思います。

日本で隕石を販売しているのは、決して私だけではありません。隕石を売っている人や会社は他にも存在します。しかし、品質やパワーを計測した上で、クオリティの優れた隕石を販売しているのは、世界広しと言えども、私たちだけではないでしょうか。さらに、まだ隕石のパワーやエネルギー、影響力を知らない人たちの立場になって最もわかりやすく、そして親身に世の中に伝えているのが、この私なのでしょう。それについては自信があります。

隕石には地上の既存の価値観を超越した、いわば人智を超えた力があります。いったいどれだけの力があるのか……これだけ販売している私でもまだまだ計り知れない力があると感じています。

だからこそ私がその魅力について、ていねいに発信を続けることで**「隕石の価値」を高めていきたい**と思っています。オファーがあれば日本全国・世界中を飛び回って、積極的に情報を発信していくつもりです。隕石王子としての使命感を感じています。

隕石の健康効果

「隕石を持つ」ことの大切さ。それを実感したのは、昔話になりますが、私個人の健康面に劇的な変化があったからです。……以前、私はとても不健康でした。それどころか、もっと大変な状態だったんですよ。

なんと**当時は、体重が90kgぐらいもありました**。それが現在では67kgまで落ちたのです。隕石を持つようになってからは、日々の暮らしの中で気づきが増え、生活習慣を見直すことができました。その結果、体調がとても良くなっていったんです。

いかがでしょうか？　隕石には血行を改善する遠赤外線を放出する性質があることも分かっています。科学的にも証明できているんです。

とにかく昔の私の不摂生ぶりは度を超えていました。乱れに乱れた不健康な生活の末、結局は病院行きで、２つの薬が手放せない身体になってしまっていたのですが、現在はウソのように全回復しています。これほどまでの劇的な変化って、Ｂｅｆｏｒｅ・Ａｆｔｅｒ的に格好のブログネタですよね。でも、当時の私は筆無精でブログを書くなんてとてもできない人間でした。だから今、こうしてカミングアウトしていいます（笑）。もう**隕石にいくら感謝しても足りない**くらいです。

体調が良くなってからというもの、その他の〝運〟も神様のおかげでどんどん上がっていきました。日本人は表面的な品質表示データにとらわれやすかったり、しかるべき権威による〝お墨付き〟の製品ばかりを求めますよね。

隕石……宇宙から降ってきたただの石なのでしょうか？　それとも、未知のパワーがつまった宝石以上の価値があるもの？　私のさまざまな活動を見てもらうことで、〝解明できないけれどたしかに存在する力〟を素直に受け入れ、身を委ねてみるきっかけにしていただければ、嬉しいです。

隕石から感じる、不思議な波動

今、隕石の知られざる影響力について、さまざまな研究がなされています。科学的にこれから実験、実証してみたい要素はたくさんあります。例えば、「隕石を持っているときと持っていないときの脳の波長の違い」を測るとか、脳波計を肌身離さず携行して、何かが起きたときにリアルタイムに測るとか。さらには、血流検査なども良いでしょう。

1日や2日の調査ではデータがまとまりきらないと思うので、長期間にわたって追跡調査をしてみたいです。

しかし、少なくとも血行、血流が良くなるのは、隕石が発する遠赤外線効果によるものであることが明らかになっています。

同じように連想されるものには「水晶パワー」があるでしょう。水晶が微弱な波動を起こして、周囲に癒しの効果をもたらすように、隕石は波長がより強いので、みんなが体感しやすいのです。

１００人に隕石を持ってもらえれば、１００人それぞれに、「その人に適した効果」が出てくることでしょう。まるで**隕石の方があなたの求めているものを知っているか**のように、さまざまな効果をもたらしてくれるのです。うちのお店に来たお客様はみなさんが体感しています。

隕石が神様からの「改運」のパワーを与えてくれる

隕石を身につけていることで起きた身体の兆候について、もう少し話をさせてください。先ほども紹介しましたが、私以外の人にも、次のようなことが起こっているのです。

「頭痛が取れた、頻繁に起きていた片頭痛がなくなった」
「痔が改善した」
「腰痛が治った」
「肌荒れがなくなった」

「ウツが治った」

全国のみなさまから、あまりにたくさんの効果や現象の報告と、それに対するお礼をいただいて、本当にびっくりしてしまいました。その中には小学生のお子さんもいて、**「王子、ありがとう」**なんて手紙もいただきました。

隕石から実際に効果を得た人がたくさんいます。こうした効果の数々……、私は神様のおかげだと思っています。私はあくまで隕石から発散される「何か」を翻訳して、人々に伝えているだけに過ぎません。しかし、こうした反響・事実が重なることで、私も「隕石の絶大なパワー」を広めていくことに確信を持てるようになりました。

そして**隕石の効果は、健康面だけでは終わらなかった**のです。「資産が増えた」「出世した」などなど、お客様からは次第に、金運やくじ運、それに出世運といった、人生のさまざまな問題を解決したり、人間の欲

古来より流れ星には願いを叶える力があると信じられてきたが、それは真実である。

求をも叶えるエピソードが次々と報告されるようになってきたのです。これらは隕石が私たちにもたらしてくれた**「改運」**の効果なのです。開運とは似ているようで、違います。

実は私たちはすでに、願いを叶えることができる開運の力を持っているのです。しかし、**開運の力は日々蓄積していくストレスにより、非常に弱いものにされてしまっている**のです。開運の力が弱くなれば、気づかぬうちに自尊心や意思も弱まり、その結果としてあなたの生活を大きく乱してしまいます。そして、さらに負のスパイラルに巻き込まれていくのです。

隕石は、この弱くなってしまった開運の力を改め、そして高めてくれます。これがまさに「改運」、隕石を手に入れた人々は、自分が持っていた開運の力をさらに高めている状態なのです。

最近ではとある30代女性のお客様から、

「隕石って本当にすごいですね。購入直後に有名なアイドルグループのコンサートに申し込んだら、3名義も当選しました。しかもステージの最前列！　これも隕石を身につけたおかげですよ。すぐに願いが叶っちゃいました」と、喜びのメールが届きました。

超人気アイドルのライブチケットの当選倍率は200人に1人とも言われています。1名義当てるのもかなりの競争率なのに、3名義も当た

超貴重な隕石の塊。所有者に劇的な「改運」の効果をもたらしてくれる。

るというのは、よほどの改運がないと難しいことなのです。

そして、とある経営者の方からは、収入アップの報告がありました。

「今まで月3千万円前後だった収入が、王子にデザインしてもらった隕石ジュエリーを購入してから、3か月後にはめちゃくちゃ仕事が舞い込んできて、月収1億円になったよ、王子のおかげだよ」なんて白い歯を見せて豪快に笑っていらっしゃいました。ちなみにその方は、その後お店を再訪してくださり、巨大な隕石の塊をご購入。ご自身で経営している会社の入り口にその隕石の塊をオブジェとして飾り、**「社員みんなで改運していきます」**とおっしゃっていました（笑）。

胸を張って隕石をオススメできる

隕石を持ってから私自身の運勢がみるみる上昇していったように、私から隕石を購入してくださったお客様にも、同じように運気が上昇していくという効果が出ています。

隕石を身につけた人に、本当にいろいろなことが起きているんです。

今ではこうしてメディアにたくさん取り上げていただき、「星の王子」の称号までいただきました。金銭的にも余裕が出てきたので、高級車もキャッシュで買えてしまいます。

でも誤解しないでください。私がここまで変わることができたのは、**「大宇宙の神様からの贈り物、隕石から改運の力を授かった」**と言うことが、根底にあるのです。隕石が持っている目に見えないパワーと、隕石を信じて神様に感謝をしながら、ビジネスに真正面から取り組んだ結果なのです。

次の章では、私がビジネスとして隕石をどう捉えているか、お話ししましょう。私自身、ここまで来るにはいろいろありましたから……。

宇宙のなりたち

神様が創造したこの宇宙。そして、神様から私たちに贈り物が届けられました。それが隕石。隕石が持つ大きな力のご利益によって、地球は守られ、発展し、やがて私たち人類や生物を育む大自然が生まれました。

その後、人類は思想とビジネスを創出し、これが文明となり、現在の世界を築き上げたのです。私たちは、生まれながらにして神様に守られ、そして隕石のご利益に包まれているのです。

第1章のポイント！

◆王子は、お客様の**心の奥底にある悩み事や境遇・人格がわかる。**

◆**隕石は、宇宙の神様からの贈り物。**隕石を持ち、神様へ感謝をしながら生活することにより、さまざまな運気が上昇する。隕石を身につけていると、遠赤外線効果で体調が劇的に良くなる。そればかりか、金運や仕事運、恋愛運などにも効果があり、資産が増えた人や社会的地位が向上した人、**人生をステップアップさせている人がたくさんいる。**

◆王子は**どのように隕石を販売して、ビジネスとして成功**したのだろうか。

特別コラム
Special Column

ご存知ですか？　隕石のこと

隕石にも種類がある

地球にやって来る隕石は大きく分けて次の４つに分類されます。
◆球粒隕石（コンドライト）地球にやって来る隕石の約９割を占める
◆無球粒隕石（ホワルダイトなど）地球の鉱石と見た目は同じ
◆鉄隕石（ヘキサドライトなど）表面に美しい幾何学模様が浮かぶ
◆石鉄隕石（パラサイトなど）隕石のうちわずか１％の超レア物

私のお店では、鉄隕石のギベオンと、石鉄隕石のイミラック・パラサイトを使用して、ハイジュエリーを製作しています。この２つの隕石にはどのような魅力があるのでしょうか？

奇跡の鉄隕石、「ギベオン」

ギベオン隕石は、推定4億5千万年前に宇宙から飛来し爆散した、巨大な鉄隕石のかけらです。ナミビア共和国にある世界で最も古い砂漠、ナミブ砂漠で発見されました。古代アフリカ人は、この隕石を使って槍などの武器を作っていたのだそうです。

地球に飛来する隕石のうち、**鉄隕石はわずか4％程度**。なかでもギベオン隕石は全て発見・採掘され尽くしているという報告もあり、年々価格が上昇しています。

ウィドマンシュテッテン構造と呼ばれる美しい幾何学模様。

表面には、「ウィドマンシュテッテン構造」と呼ばれる、鉄とニッケルの複雑な層が作り出す美しい幾何学模様が浮かび、古代より権力者の装飾品として用いられてきました。

この幾何学模様を形成するためには、**100万**

年もの時間をかけてゆっくりと冷却される必要があり、ギベオン隕石は宇宙に流れる膨大な時の流れを、私たちに見せてくれるのです。

宇宙の遥か彼方より地球にやって来たギベオン隕石は、神様からの贈り物であり、強力なエネルギーを秘めています。ゆっくりと蓄えられたエネルギーは、私たち人類の意識を変化させて、進歩を促してくれるものです。

星のかけら、「イミラック・パラサイト」

1772年、ドイツの博物学者ペーター・ジーモン・パラスが発見したことにちなみ、パラサイトと名付けられました。

パラサイトはカンラン石（珪酸塩鉱物）と鉄－ニッケルの合金が複雑に絡み合って形成された石鉄隕石です。発見当時は隕石とは考えられず、不思議な模様の鉱石として注目されました。

地球にやって来る隕石のうち、**パラサイトはわずか1%程度**。そのためパラサイトは隕石の中でも最も希少性が高く、人気があります。

その1%の中でも**さらに希少な最高級品がイミラック・パラサイト**と呼ばれます。私のお店のハイジュエリーは、このイミラックのみを使用しています。

パラサイトは惑星のマントルと核の両方の部分で形成されることにより、複雑で美しい模様を生み出します。宇宙に浮かぶ惑星や天体が爆発し、隕石となって地球に降り注いだものですから、**まさしく星のかけら**です。宇宙からの旅を経て、手の中で鼓動するようにエネルギーを放つ小さな星そのものなのです。

これがパラサイト。カンラン石と鉄が織りなす美しい模様に心が引きこまれてしまう。

'Big Bang'で販売している隕石ジュエリーや隕石を使ったグッズの一部を紹介！

◆イミラックパラサイトネックレス

純金とダイヤを組み合わせたフレームによって、隕石が持つ無限の力を表現しました。超希少なイミラックパラサイトをこれほど大きくアレンジしたジュエリーは、他に類を見ないでしょう。隕石の力を最大限授かることができる、最上級の逸品です。

◆イミラックパラサイトスクウェアネックレス

「秩序」をイメージしたスクウェアフレームのネックレス。隕石が意識に働きかけて自制心をさらに強くし、人間関係など環境を最適な状態にに整えてくれます。

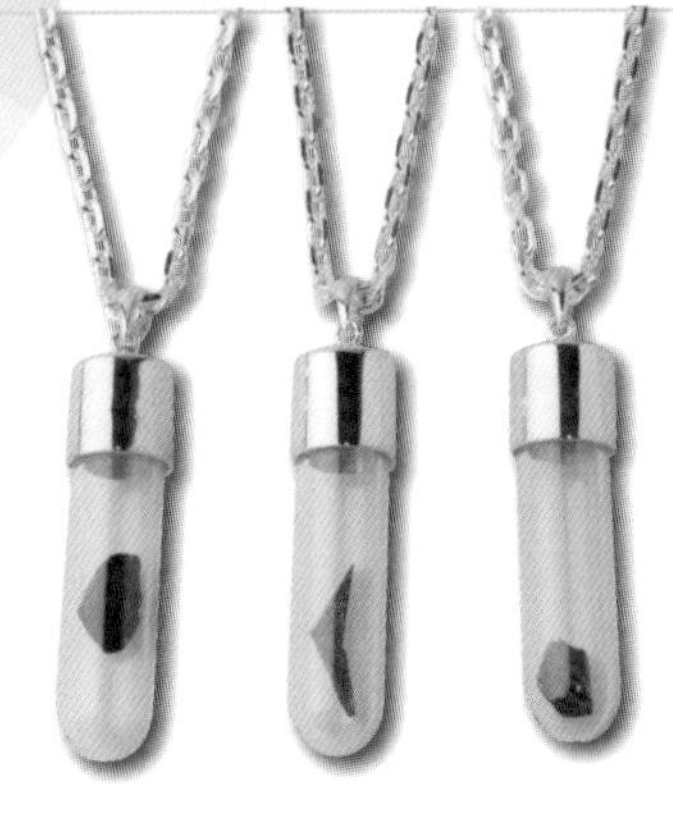

◆ギベオン
バイアルネックレス

希少なギベオン隕石の原石を、肌身離さず身につけられるよう、バイアルに込めました。隕石が持つ無限の力が常にあなたを守ります。

◆イミラックパラサイト
18金 / シルバーピアス

隕石を一つ一つ丁寧に磨き上げ、風合いを残しながら加工致しました。脳に最も近い耳に隕石を付けるため、思考力や決断力に効果が出やすいです。お客様にも非常に好評です。

◆イミラックパラサイト
リング

イミラックパラサイトを大胆に使用した、ゴージャスなリング。我が道を切り開くあなたの指を、一層美しく際立たせることでしょう。

◆隕石ブレスレット

様々な隕石をアレンジしたブレスレットです。オンオフに関わらず常に隕石を身につけて欲しいので、日常にフィットするようにデザインしました。

◆隕石粉

お買い上げ頂いた多数のお客様から「願い事がかなった」「健康状態が良くなった」「いい出会いがあった」等々の報告をいただいている、当店イチオシのアイテムです。肩、腰、心臓や丹田などに付けるととても良い効果が得られます。

◆隕石美顔ローラー Metera メテラ

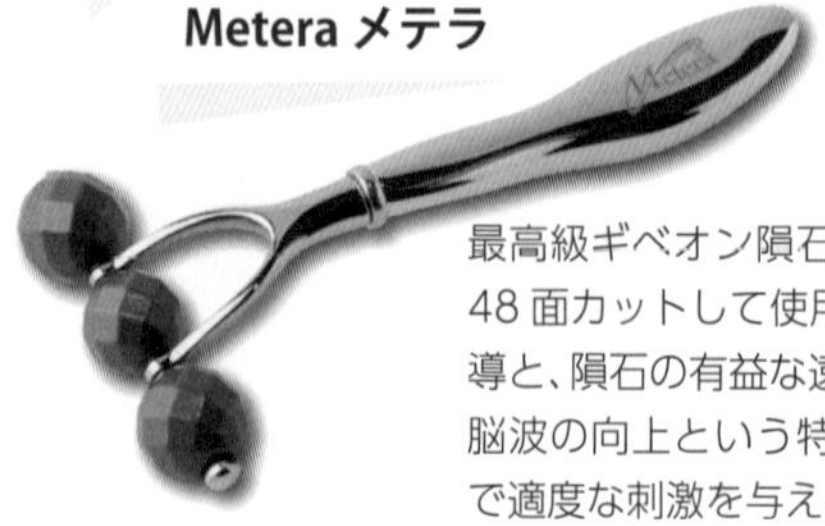

最高級ギベオン隕石と高純度のテラタイトを48面カットして使用。テラ鉱石の優れた熱伝導と、隕石の有益な遠赤外線の波長、血行促進、脳波の向上という特性を生かし、お肌に繊細で適度な刺激を与えることができます。

◆隕石×セラミック メテミックシリーズ

A

B

A メテミックカップ

隕石の波動が転写されるので、飲み物の味が抜群に美味しく感じられます。コップに入れた水が隕石パワー水になる効果が半永久的に使えます。普通のお酒も高級酒の味わいに！

B メテミックボール

そのままお鍋や炊飯器やポット、お飲み物などに入れてお使いいただけます。隕石の遠赤外線効果により、食べ物や飲み物の味がまろやかになります。ご飯を炊くときや、煮物・汁物等にお使い下さい。
一度使うと手放せなくなるアイテムです。

第2章

王子の足跡

王子に質問

Q そもそも、どうして「隕石を売ろう」と思ったのですか？王子の過去も含めて、ビジネスの始まりを教えてください。

A **隕石に導かれた運命的な出会いだったのかもしれません。それこそ、ビビビ！　と直感したんです。**

銀河を旅して地球にやって来る隕石……。

そしてその珍しい隕石をハイジュエリーにしてお客様に届けるなんて、ロマンチックな話に思えますが……。

この章では、ビジネス書によくある「サクセス・ストーリー」系の現実的な話になってしまいます（笑）。でも私のエネルギーの源泉が、ここにあります。

全ては地球の出会いから始まる

私、かつてはごく普通のサラリーマンとして営業の仕事をしていました。寿司屋の店員や、警備員の仕事も経験したことがあります。かなりハードに働いていて、深夜まで残業し、ストレスを抱えては大食いと飲酒でごまかすような、不健康な毎日を送っていたのです。

そんなある日のこと。

地球某所のスターバックスで、たまたま席がとなり合った女性と世間話になったんです。

とてもおしゃべりな人で、突然

「隕石を持つと、お金持ちになれるらしいよ」

なんて言い出したのです、それも初対面の私に向かって。

しかも、「私、これから隕石を売っているところに行くのよ、**アンタも来なさいよ**」なんて言うものだから、これはオモシロイことがありそうだナ、と思ってついて行くことにしました。

そして着いた先は、大きな庭園の近くにある、広めの雑貨屋さん。

そのお店は、宇宙にまつわるグッズを販売していて、当時からそのスジのマニアたちに人気があるお店でした。

「隕石パワーは間違いなく存在する」

私はおそるおそる店内に足を踏み入れました。目に飛び込んできたのは、所狭しとゴロゴロ並べてある隕石……というか、無造作に置かれた見慣れない物体の数々。それも**100万円とか1億円なんて値札**が付いている……。

「なんて怪しい店だ……」


これが当時の私が抱いた率直な感想です。

そして、店主その人も、あらゆる意味で常識を超越した存在感を放っていらっしゃったのです。

私は「隕石に幸運をもたらすパワーがあるって聞いたんですが、本当なんですか？」なんて無防備に話しかけました。すると、

「間違いないよ‼」


私の目をギュッと凝視して断言する店主……即答でした（笑）。

今思うと、私みたいな面識もなくお金もない人間に、よくもまあ……「間違いない」なんて言い切ったなと思います。

それでも、そのときの私は、「本当かな？　隕石にそんなパワーあるのかな？」と懐疑的だったのですが、当時は私も仕事や人間関係でいろいろ行き詰まり、先が見えずにいたものですから、何か変化のきっかけを探していたんでしょう。**「いいや、えいっ！」**と、結局全財産の3万円で小さな隕石を買ってしまったのです。

「店主さん、もしも叶わなかったら責任取ってもらうよ！」というぐらいの勢いだったんです。

すべてがこんな、風まかせのような、いい加減な出会い・やり取りからスタートしたんです。**スターバックスから始まった隕石とのご縁**、なんだか運命のようなものを感じませんか？

このなんとも言えない出会いが私の人生を再スタートさせることになったのです。今振り返ってみても不思議でなりません。

隕石を持って覚醒する

隕石を購入して数日後、すぐに効果を実感しました。

なんだかよくわからないけれど、自分の意識が「目覚める」という感覚でしょうか。とにかく体の調子が良い。隕石にすごいパワーがあるということを、まず肉体で実感してしまったのです。

そのとき、まさにインスピレーションの星がビビビと降りそそいできたように、頭にアイデアが湧いたのです。

「私もこれ売ろう！」って。

私もこれを売って、それをビジネスにしようと、そう頭に閃いたとき、体が熱くなりました。それで私の人生はキマリ！

それからは何かに突き動かされるように街に出て、最初はなりふりかまわず道行く人に話しかけては、隕石をセールスしたんです。

通りかかった人に、いきなり「ちょっとお兄さん、お姉さん、隕石買わない？　スゴイご利益あるよ！」なんて声をかけて。隕石1つ、1万円～3万円くらいの値を付けて販売してました。

「そんないきなり声をかけられて、しかも3万円もする隕石を買う人がいるのだろうか？」と、みなさんは不思議に思うことでしょう。

ところが、結構な数の人が、「ふ～ん、隕石ねえ？」なんて隕石をジロジロ眺めては、ポンとお財布から現金を出してくれるのです。

そうやって販売するうちに、売り方のコツがつかめて、資金が貯まっていきました。

地道な販売活動

商売を続けていくと、不思議なことに少しづつ、私の商売をおもしろいと思ってくれる人が増えていきました。

そこで、ポケットに商品の隕石を入れて、知人のツテで紹介してもらったバーや人の集まるパーティー会場などに行って、隕石の即売会を開くように なります。

はじめから大きなお金を出してお店を持つなんてことはできないわけですから、地道な活動をコツコツと行い、少しずつ人の輪や行動範囲を広げていったのです。

もちろん、即売会をしていても、初対面でいきなり見ず知らずの男から、**「ねえ、隕石買わない？」**なんて言われたら、誰だってドン引きしますよね。好意的な人もいれば、嫌悪感を示す人も当然います。

こうした販売活動を通じて、「人々が隕石という商品に対してどう反応するのか」「どのように説明すれば関心を持ってもらえるのか」「どうすれば隕石の魅力を伝えきれるのか」ということを考えながら営業トークのトライ＆エラーを繰り返しました。そしてやはり大事にしていたのが、成約率を向上させることです。効率よくお客様にご購入いただくためにはどうすれば良いのか……、やはり要領がつかめるまでには、結構な手間と時間がかかりました。

フリマで売ったり、イベントに出展して売ったりして、少しずつ資金を貯め、そのお金で人生で初のお店を開きました。と言っても、当時はガレージ・セールみたいな状態でしたけれど。

店を出してみると、ビジネスが大きく動き出しました。道行く人から噂や評判が徐々に広がり始めて、テレビや雑誌をはじめ、さまざまなメディアから取材を受けるようになったのです。その時期から、ようやくこの商売を軌道に乗せられたかなと思います。

いかがですか？　こうして地道に試行錯誤をしつつ、工夫を凝らしながら、ビジネスを続けてきたわけなのです。

子供時代から「価値」に注目

私がどうして隕石にビビビ！　ときたのか？　子供時代を振り返ってみるとその理由がわかります。

お客様からはよく、

「王子は子供の頃から鉱石マニアだったの？」

「子供の頃から実業家を目指していたの？」

などと質問をされるのですが、子供のときは今とは違う性格、キャラクターだったんです。

小学校〜高校と、どちらかと言えば**「物静かな性格」**でしたね。でも当時から、「好奇心だけは忘れてはならぬ」、と思って生きていました。

今では自分の考えを、自信たっぷりに述べることができますが、ときおり、その頃の物静かな自分が出てくることもあります（笑）。

父親は、証券会社に勤める勤勉な証券マンでした。

そのために引越しが多く、子供時代の私は、父親も母親も大嫌いでした。（もちろん、今は感謝の気持ちしかありませんよ！）

小学校は4回、中学校も4回、引っ越しのせいで転校していましたから。1年と同じ場所にいない生活が繰り返されて、外国で長期間暮らした経験もあります。

父親は日経新聞しか見ない。私もあの頃は読書もしてなかったし、外国だから見たいテレビ番組もない。そもそも言葉がよくわからないのですから。そんな中で、父親が毎日読んでいた日経新聞に、自分も関心を寄せるようになりました。

記事の中で特に興味を引かれたのが、株式市場のチャート欄。

もちろん子供でしたから、詳細な意味はわからなかったのですが、昨日と同じ銘柄が、今日は価値が上がっている・下がっているという、同じものなのに日によって数字が上がり下がりしている相場欄を見るのが

幼少期から株式チャートを見て、モノの価値が上下する過程に興味を持っていた王子。

楽しくて、子供心に「どういうことなんだろう?」と、おもしろく感じるようになったのです。

そして中学生のとき、親に内緒でお年玉をつぎこみ、**生まれて初めて金（GOLD）を買ったんです**。中学生の身分で生意気にも「地金」で相場デビューしました。

その頃の金相場は800円台から900円台で、1000～800円台をつける日もありました。今では考えられない金額です。（現在は金1g5000円程度ですよね。ということは、20年間でのお金の価値は、5倍以上下落したということです）

いちばん底値の頃だったと記憶しています。高校に進学すると、アルバイトをするようになりました。もちろん、得た収入のほぼ全額を使って、**毎月毎月コツコツと金を買い続けました**。投資を続けるためにも、昼夜問わずアルバイトを掛け持ちしていました。

そして、だんだんと金の相場が上がっていき、そこそこの利益を得ることができたのです。この経験こそが、もしかしたら私のビジネスの原体験になるのかもしれません。

私のビジネスの本質

私のビジネスの本質……それは、**モノの価値を見定めて、その価値を**

高めるということなのです。私が取り扱う隕石は、まさにこれ。

隕石と言うと、いろいろロマンチックなイメージがありますが、物質的な価値としてはただの鉄の塊だと捉えることもできますよね。不思議だと思いませんか？　ロマンを除いてしまうと、単なる鉄の塊に何百万円ものお金を払うことになるのですから。

しかしその一方で、隕石の表面にはとても美しい紋様が浮き出ており、装飾品として優れています。身につければ、健康や金運がアップするという不思議な力があるため、古代より王族や権力者から崇められてきました。古代エジプトの王ツタンカーメンの墓室から発見された短剣を分析したところ、隕石の鉄を使って作られていることが最新の研究で明らかになっています。象形文字には「空の鉱物」と描かれていることから、古代エジプト人が隕石の存在と効果を認めていたことがわかっています。また、日本の卑弥呼は自身の霊力を高めるために、隕石から作られた勾玉を身につけていましたし、徳川家康も北極星を崇め、宇宙の力を崇拝し、隕石の御力を借りていたという逸話があります。

このように隕石には、歴史に裏打ちされたミステリアスな魅力を感じることができるでしょう。

いかがでしょうか？　たとえ鉄の塊だとしても、そうした数々のストーリー、逸話が存在している事実が人々に知られると、だんだんと**隕石の魅力と価値が上がっていく**のです。

このように、モノの本質的な価値を見定めて、その魅力をあますことなくお客様に伝えることにより、さらにそのモノの価値を上げていく。これが私のビジネスメソッドです。

では、モノの価値を上げていくためには具体的にどうすれば良いのでしょうか？　それについては次の章で私の考えを述べたいと思います。

第2章のポイント！

◆隕石との出会いは、**喫茶店から始まった。**

◆隕石の販売は、路上での声かけ販売からスタートし、バーやパーティでの即売、フリマやイベント出店など**販売方法を試行錯誤する中で徐々に販路を拡大していった。**

◆店舗を持つと、噂や評判が広がり、**メディアからの注目が集まるようになった。**

◆王子は子供時代から、株式のチャートに興味を持ち、**中学生の頃には金への投資をスタート**した。

◆**王子のビジネスの本質**は、モノの価値を見極め、その魅力をお客様に丁寧に伝えることにより、さらに価値を高めること。

第3章

王子の慧眼

王子に質問

Q モノの価値を上げる……どんなビジネスにおいても重要なことだと思うのですが、そのためには具体的に何をすれば良いのでしょうか?

A **モノの価値は、みんなが同じ価値観を共有することで上がります。そのために、情報を発信することが必要。**

子供の頃からの投資経験や、現在のビジネス体験を通じて、世の中で価値が上がるもの・下がるものがある程度わかるようになりました。

商売をしていると、さまざまな人がアプローチしてきます。「この不動産はこれから価値が上がりますよ」なんて、他人から投資の誘いをもちかけられることも多々あります。そういった投資の誘いが10件あったとして、私が「たしかにこれは値上がりしそうだぞ」と思ったものは、やはりその後確実に値段が上がっていきます。

だから、隕石を初めて買ったとき、「これはもっともっと高い価値がつけられるぞ」と閃いたのは、決して偶然ではないのです。

最近では、確実に価値が上がるとわかるものに投資するというのはつまらなく感じていて、まだ誰も試していないモノ・コトの価値を自分の力で高めていくほうが楽しくなってしまいました。流行っているものに、私はおもしろさを感じない。まだ誰も知らないものを発掘していきたいのです。

価値観を共有する

約10年前に私がこうして隕石を売り始めたときは、「隕石がほしい」なんていう人はめったにいませんでした。ところが今は全国から、**「隕石がほしい」**とお客様が私のお店にやって来るんです。

世間一般の価値観は時代につれて変わっていくもの、あるいは仕掛けによっては人々の価値観を変えることができる……。当時から、私の中では、そうイメージできていたのです。

その頃販売していた隕石は、例の雑貨屋で購入した直径5㎜くらいの大きさのもの。最初は16個仕入れて、それを2~3日で売り切り、また仕入れてはお客様に販売、というサイクルを繰り返しました。

そして、伝説や運気上昇などのファンタスティックな事実をどんどん加えながら、「隕石にはこんな魅力的な側面があるよ」と語り続けました。「隕石を持つことがいかに素晴らしいか」「あなたの人生にどれほど役立つか」を、多くの人にひたむきに伝えていったのです。

すると人々は、〝**隕石は人生において価値があるものだ**〟という価値観を抱くようになってきました。

そして、より多くの人がこうした価値観を共有するようになると、まだ持っていない人は「そんなに価値があるなら私も買おうかな？」と考えて、新たに購入していく。連鎖するように新規顧客が増えて、ますます隕石の価値が上昇していきます。そうなると、私のビジネスにおいても、利益の幅が上がることを意味します。

「隕石は良いものだ」という価値観を共有できる人を、どれだけ増やしていけるかで決まっていくのですね。

隕石を販売しながら学んだことは、「価値」というものは「こんなに素晴らしいんですよ！」と**自分一人だけが熱狂的になって売り込んだとしても、決して高まっていかない**ということ。お客様にとってどんなプラスがもたらされるのか、所有することがどれほどの高い価値を持つのか、を伝えていかないと意味がないのです。

現金もビットコインも、「価値観の共有」で価値が決まる

これまで世の中に普及したもの、廃れたものの命運を、いろいろ思い起こしてみてください。最近の目立った例では、「ビットコイン」なども同じではないでしょうか？

何かと話題のビットコインですが、どうして形がないデータに100万円以上の価値がつくのでしょう？　それは、ビットコインに「価値がある」という**価値観を共有している人がそれほど多い**からです。

投機目的のマネーゲームという要素を除いてみると、ビットコインは「スマートフォンで決済ができる」「外国の友人に格安の手数料ですぐに送金できる」など便利な面もあります。

堀江貴文さんも常々おっしゃっているように、持ち運びに手間がかかる現金に対して、大多数の人が面倒くさいものだと思うようになってきている……、そこにビットコインが登場。パソコンにログインできれば

どこでも使えるということで、「将来はビットコインの方が便利になるかもしれないぞ?」と多くの賛同を得た……。こうして大多数の人が「ビットコインには価値がある」という価値観を共有したわけです。それで、急速に価格が上がっているのです。(「価値観の共有」の例を示すためにビットコインを紹介しましたが、私の考えではビットコインとはあくまで仮想のデータであり、価値のある投資対象とは思っていません)

考えてみれば円、つまり現金だって同じです。私たちが使うお札は物質的にはただの紙切れです。こんなものを300枚程度積むだけで最新の自動車と交換できてしまうのです。すごいことだと思いませんか?

紙切れ300枚が机に積んであっても何もできません。その一方で、10万km以上も移動できる自動車が手に入れられるわけです。

物々交換が経済活動の基本だった原始人。彼らがもし、現代人がスーパーで牛肉を買っているところを見たら、「どうしてそんな紙で肉が買えるんだ？　だまされているんじゃないか？」と混乱することでしょう。

でも現代の私たちはみんな、この紙切れをいろいろな物に交換できる価値のあるものだと認めている。だから、お金が成り立っているのです。

このように考えれば、わかっていただけるかと思います。モノの価値を高めるために、「価値観の共有」こそが、いかに大事であるかという真理を……。

「価値観を共有」してくれる人を「ファン」と言い換えることもできるでしょう。ファンをいかに増やしていけるか、この一点を考えましょう。

隕石だって同じこと

「隕石の価格はどうやって決まるの？」とよく聞かれます。

その答えはやはり、**「価値観を共有」してくれる人の数で決まります。**

要するに、「王子から買う隕石にはパワーがある、これは〇〇万円～

「紙幣に価値がある」という価値観を皆が共有しているからこそ、貨幣制度は成り立っている。

以上の価値があるぞ」と認めてくれるお客様の数が増えるのに比例して、値段が決定していると言えるでしょう。

ですから私の役割は、隕石を購入したい人に口八丁で接客をして購入を促すだけの、凡庸な販売員であってはならないのです。

同じ価値観を持つお客様やファンをいかに増やすのか、そのために私はどのように活動するべきか？「社会全体を見渡し、隕石の価値を高める活動を実践し、拡大させていく」……これこそが、**私に課された使命**なのです。

私が現在扱うハイジュエリーをはじめとする隕石の商品の数々。その価格は何によって決まるのか？　答えは、価値観を共有されたお客様自身の存在、というわけです。

まだまだ、隕石のマーケットは上がる余地がある

私のイメージでは、隕石の価値はもっと上げていくことができると思っています。私の力でもっと隕石自体が持つ価値、隕石を所有することの価値、私の店で隕石を購入することの価値をもっと上げていきたいと考えています。値段しかり、接客しかり。私が関わることで、お客様や関係者がみんな満足できるようにしたいのです。

「そもそも」に立ち返れば、隕石は宇宙から落ちてくるただの石ですよ

ね。宇宙から飛来してきて、たまたま荒野や山にドカンと落ちた、変哲もない鉄などの塊……単純にそう済ませても別にいいわけです。

しかし、自然界の万物に対する価値というものは、すべて人間の都合によって値段をつけられてきました。特に、石とか植物とかにつけられた「値段の根拠」に、いくらでも疑問が湧いてきそうなものです。

例えば、「ほうれん草っていくらなの？」という話。

もともとは単なる草の一種……、地面に生えていてタダで得られるものじゃないですか？　でも、ほうれん草は栄養が高い、ほうれん草はめったに自生していない、お店まで運ぶのは大変だ、などの条件が重なってきて、そのことを私たちは価値として見出しているわけです。だからこそ、ほうれん草の価格が数百円となってもある程度納得できるのです。

ですから隕石についても、隕石を持つ意味・所有する意味、そして効果・効能を見出して人々にうまく伝えることができれば、価値は大きく変わりますよね。

宇宙を旅してきたロマンチックな存在であること、古代より改運のシンボルとして人々が身につけてきたという歴史、患部に近づければ遠赤外線で癒しの効果があること、ハイジュエリーとして身につければ、ミステリアスでファンタジックな体験が得られること……などなど、お客様が**隕石に価値を見出せるように、さまざまな情報を発信**するんです。

隕石のために、その役目を担う第一人者が、たぶん私なのでしょう。これは、宇宙から与えられた使命なのだと受け止めています。

実際に数千円の隕石のルース（裸石）から、数十万円台〜青天井の値がついたハイジュエリーが、月に何本も入れ替わり立ち替わり、売れていくのです。お客様が価値を見出していなければ買わないですよね？

「隕石に興味を感じる人と会ってお話しをする」というのも大事な仕事の一つ。もっともっと気持ち良く隕石を購入して帰れるようにしてあげたいな、と思っています。

迷っている人に、「なんでも叶う思考に変化していきますよ、生活も改善します」などと背中を押してあげるのも、必要なことだと思っています。

人々の購入基準

世の中を見回すと、あらゆるモノやサービスは、「価値が上がってほしい」という望みのもとで誕生し、流通しているという事実に気がつきませんか？　生活必需品や消費材は別にして、高額な商品で迷った末に買い物をするようなとき、私たちは無意識のうちに「価値が上がりそうかな？」という選択基準も持ち合わせて、製品を選んでいるでしょう？

つまり、お客様の立場から**価値が上がりそうにないと最初から判断されるものは、購入してもらえません。**人は、希望がたくさんあるものに対して、購入を決断するのです。

　例えば、いよいよマイホームを買おうか、という場面を考えてみてください。もしあなたがマイホームを買うとしたら、できれば少しでも価格が上がりそうな場所、またはあまり下落しそうにない場所を選びませんか？　自分の住む物件だったらそんなに厳格な基準ではないかもしれませんが、不動産の投資だったら絶対条件となるでしょう。

　人は、買った翌日には価値がゼロになるようなものを購入しません。いろいろリサーチして、上がりそうだと判断した土地、物件などを買うはずです。繰り返しになりますが、私独自のビジネス展開で、私が売る隕石の価値は上がっていると自負できます。

　しかし、さらなる発展を試みないといけないのが、ビジネスの宿命。隕石を石のまま売るのでは、それ以上の発展は望めません。だから私の店ではハイジュエリーとして販売しているのです。隕石をただ塊のまま所持するのではなくて、誰でも普遍的に身につけることができ、一生を共に歩めるハイジュエリーに進化させたのです。

隕石のハイジュエリー製品は、自分でデザインを描き起こしています。商品のラインナップを随時増やしたり、隕石を練り込んだ美顔器を商品化するなど美容と健康に良いイメージを強調するなど、売るための「商品開発」とマーケティングを怠ってはいけません。

営業戦略もちゃんと考えています。例えば、東急ハンズで隕石を展示販売したのは、私が初めてだろうと思います。このように地道に価値を上げていく活動は、やろうと思えばできることですが、意外と周囲はやっていないのですね。

将来的にこの隕石ジュエリーを販売する店舗が多くなってくれば、専任のデザイナーを数人採用するなどして、もうちょっとアイテムの数量を増やせるようにしたいな、と思っています。

第3章のポイント！

◆市場は自分で作るもの。そのためには、**多くの人に価値観を共有してもらう必要がある。**価値観の共有がなければ、紙幣だってただの紙切れ。隕石だって、空から落ちてくるただの鉱石である。

◆「隕石が人生にとって必要である」という価値観を共有したお客様が増えれば増えるほど、隕石の価値は自然に高まり続ける。**王子のビジネスは、そうした価値観を共有する人を増やすこと。**

◆隕石を石のまま売るのではなく、ハイジュエリーにすることで、その魅力をさらに高めることができた。**独自の商品開発と地道な営業活動を続けることで隕石の価値はさらに高まる。**

良いことあったよ!!

隕石ジュエリー体験談1

隕石によって、身の回り全てのバランスが整う

Kさん（女性）

私は料理研究家をしています。もともとマクロビオティックを勉強していて、自宅で料理教室も開催していました。

本業とは別に趣味として、スカイツリー付近にある蕎麦屋の店主が主宰しているコーヒーの焙煎教室に通っていたんです。その焙煎教室では、講習後にいつも店主がまかない料理を振舞ってくれて、ぬか漬けなども付いていました。

ある日のことです。いつも出してくれるきゅうりのぬか漬けが、今でも忘れられないくらい際立って美味しかったんです。とてもフルー

ティーで上品な味がして・・・、本当に驚きました。

それで、「今日のぬか漬けはすごい美味しいですね。何か作り方を変えたんですか？」って聞いたら、店主がニコッと笑って「分かる？今日の糠床《ぬかどこ》にはなんと隕石が入ってるんだよ」って言うではありませんか。

「え？隕石が入ってるってどういうこと？」隕石という聞き慣れない言葉に驚いてしまいましたが、私は料理研究家ですので、すごく興味が湧きました。隕石でこんなに糠床が変わるってどういうことだろう？って。

こうして、私は隕石に興味を持つようになったんです。

（実は以前から、その店長より不思議な石を売る青年（王子）がいるという話を聞いてはいましたが……笑）

そして王子のお店を訪問して、メテミックボール（P36参照）と隕石の粉を購入しました。この隕石の粉を身につけたことで、私の隕石ライフは始まったのです。

隕石を身につけるようになったら、肉体・精神の両面に効果が現れました。実は私、睡眠時間がいつも4〜5時間程度と短めなんです。なので、たまには長く寝ないとダメだったり、寝不足で調子が悪いこともあったのですが、隕石の粉を枕の下に入れて寝るようになってから、睡眠時間は変わらないけど質の高い睡眠が取れるようになりました。

だから4〜5時間の睡眠でも十分疲労回復ができて、むしろ元気になったんです。ここ数年は風邪も引かなくなりました。

そして運動機能も高まりました。私は登山も趣味にしており月に一度山に登るのですが、一緒に山に登っている人たちから「下山中の足取りが、以前よりしっかりしているよ」って言われました。

隕石によって体幹が整うので、登山中も変わってくるんです。王子から体幹が整う調整方法も教わっていたので、効果が出たのでしょう。

隕石の粉は丹田のあたりにつけると、身体中のエネルギーが活性化しているることが実感できるし、心臓のあたりにつければ心拍が整い、体がとても楽になります。なので、私の隕石の粉活用法ですが、起きている時は丹田や心臓のあたりにつけて、寝る時には枕の下に入れて寝るようにしています。

精神的な変化といえば、第6感である「勘」がよく働くようになりました。そのおかげで、全てのものごとに対して必要・不必要の判断がすぐにできるようになったのです。

その結果、体と心、そして人間関係のデトックスができました。

例えば食べ物。甘いものなども少し食べたら、もうそれ以上は必要ないって思ったり、以前はよく食べていたラーメンも、今は食べるだけで具合が悪くなってしまったり。

体が、元気で調子が良くなる食べ物を求めるようになり、体調が整いました。また、隕石にはバランスを取ろうとする働きがあるので、無理をしなくなるんです。

無理な人付き合いとか、周りに流されてやっていたことがバッサリ辞められるようになり、常に快適で心地良い状態を作れるように変わっていくんです。だから、自然に心や人間関係なども整理整頓されていくんですね。

こういうことは、私の周りの隕石所持者にもおこっていて、カップラーメンやインスタント食品が食べられなくなったり、痩せすぎな人はほどよい肉付きになったり、太っている人は痩せたりしてちょうど良いバランスを保っています。

ご縁にも恵まれました。購入後しばらくしてから、大手新聞社から料理研究家として取材を受けて、特集コーナーで大きく掲載してもらうことができたんです。今度は、その記事をＮＨＫラジオのパーソナリティーが読んでくださり、ぜひラジオ番組に出演してくださいとオファーをいただいたのです。

さらには、ラジオ放送を聞いた女性ディレクターから、今度はテレビにも出てくださいと依頼されて、私の料理研究家としての活動を全国に放送してくれました。

このように隕石を持ってからというもの、メディアのご縁がトントン拍子に舞い込み、とても貴重な経験を得ることができました。

私の場合は仕事の縁がどんどん入って来ましたが、結婚相手を求めている人はそういうご縁にも好影響がもたらされて、異性運も自然と引き寄せられるようです。

私は掃除術の講師もやっていたので分かるのですが、人は整理整頓された空間を本能で求めます。だから、私たちは人間関係や食事、持ち物の整理整頓を心から欲していて、隕石はそれを叶えるために背中を押してくれているのでしょう。全部つながっているのだと思います。

私にも隕石の効果がこんなにありましたし、隕石が色々気付かせてくれたおかげで、さらなる希望を抱くようになりました。

私の希望は、隕石を手にいれた皆が、幸せになることです。

隕石同士は共鳴するので、友人や家族など、自分が仲良くしたい人たちに持ってもらうことでさらに仲が良くなったり、お互いに幸せがやって来るという相乗効果が生まれます。

だから王子の店に集まる人は、みんな隕石を持っていることもあり、第二の家族のように感じられて、お店自体がとても心地良い場所になっているのでしょう。

私のように隕石の効果を発表する人が集まって、座談会などを開催するのも楽しいと思います。みなさんいっぱい体験談を持っているので、24時間じゃ語り尽くせないかもしれません。みんなの隕石効果を共有することにより、さらなる幸福を引き寄せあったりするので、お互いに話すのも聞くのも大事だと思います。

世の中には、他人の欠点を探してまわったり、他人の不幸を願ってる人がいますよね。でも隕石を持っていると、私みたいに良かったことをどんどん話したくなるので、日常生活の中で良かった出来事を探すようになります。こうすることで、またその人自身にも変化が生まれるのだと思います。「自分にはあれが足りない、これが足りない」って苦悩するよりも、隕石を持ってポジティブな出来事にフォーカスすることが、隕石を持つことの一番良い効果だって、私は思っています。

★第4章★

王子の理想

王子に質問

Q

世界中を飛び回って、これだけ精力的にビジネスを展開している王子ですが、何が王子の心を動かしているのですか？

A

隕石の力は現実的にあります。日本を良くしてくれるもっと多くの人材に、この秘められたパワーを届けたいのです。

自分で言うのもなんですが、今世の中ではちょっとした「隕石王子ブーム」が起きていて、北海道から沖縄まで、全国からお客様が私に会いに来てくれています。こんなにうれしいことはありません。

お店にいらしてくださるお客様からは、「こんなビジネスを成功させるのだから、王子は本当にスゴいよ」などと賛同もいただき、大変恐縮しています。

けれども、決してそれほどのことではないと、気を引き締めています。まだマーケットが手つかずにある環境……つまり誰も隕石に価値を見出さない中で、3か月できちんと販売実績をあげて数字を叩き出すというのは、営業のミッションとしては当然のことだと思います。隕石の拡販は特殊な布教活動などではなく、あくまでビジネスとしてやっているのですから。

例えば、訪問販売の営業のプロなら、1か月に1千万円、2千万円といった単位で任された商材を売りさばいてくるでしょう。家電量販店の店頭で活躍する販売員さんの中には、商材に関係なく優秀な成績を収めている方もいるでしょう。

そういうビジネスのプロ、セールスのプロたちが住む世界と比べたら、私の当初の実績など甘かった方だと思います。

困難な状況に追われた優秀な人を助けたい

さて、本題です。隕石を買って一念発起した結果、私は店舗を持って高額な隕石ジュエリーを売るようになりました。そうしてビジネスを継続している中、日々気づかされるのは、**世の中には、私より能力が高い人がたくさんいる**ということです。

ところが、不運なことにはせっかく能力が高いのに、体調面や精神面でバランスを崩してしまっていて、能力が十分に発揮できていない人がいかに多いことか。現実社会は理不尽でいっぱいです。

隕石は体調のバランスや、ひいては人生のバランスも整えてくれます。そこで最近、私が隕石を販売する上でもう一つ目的意識を持つようになりました。

それは、人生が順風満帆の方には、さらなる発展をお手伝いし、そして、優秀にもかかわらず不運に見舞われている人たちには、隕石を届けて運気が改まるようにしたいのです。その結果、「改運」した優秀な人が困難を克服して活躍できるようになり、**日本社会や経済全体をもっと明るくできる**かもしれないぞ、という希望を持っています。

これが、私のビジネスにおけるモチベーションです。

隕石はまず、健康面を改善してくれます。肩や首のコリ、股関節の違和感、内臓の不調などに悩む方たち、さらには、うつ病やアルツハイマーの患者さんからも、隕石を持ったことで効果があったという声が届いています。ガンのステージが下がったなんていう話もありました。

さらに、金運・改運効果です。

はじめに紹介したように、はじめから能力の高い、年収3千万円ぐらい稼いでいた人がいきなり、「王子のところで隕石を買った後、気づきを得て仕事も増えて、年収が数億単位に上がりました」と、お礼に来るのです。運が改まれば経済活動だけではなくて、心の平穏と精神の安定などにもつながります。結果的に、日本社会のいろいろな分野が豊かになって安定していけば、理想的だと思いませんか？

さらに、改運した人たちが増えることによって、やがて**「共運」と呼ばれる状態となり、大きな良い運気の流れをみんなでシェアしていくこ**とができるようになるのです。するとますます共存共栄していく状態となり、幸福の連鎖が広がるのです。

この**「共運《きょううん》」**というのは、私が発案した言葉です。

新しく令和の時代となった日本では、「一握りの強運の持ち主が富を独占する」、と言う考え方はもう古いのです。みんなで大きな運気の流れを作り上げて、それをシェアする共運という考え方を広めていきたいです。

良好な精神状態を相手とシェアしていくには、まずは自分の心が安定していないといけません。他者や社会に貢献したいという志《こころざし》を実践するためには、まず自分が生きていくための安定を確保することが先決です。そうでなければ真に困っている人を助け、支えることはできません。

優秀な人にはぜひ隕石を手に入れてもらい、身体から不調や負のエネルギーが取り除かれていく「目覚め」を体験していただきたいです。「目覚め」が拡散すれば、世の中をもっと良い方向に変革できるに違いありません。

私は隕石ジュエリーを販売するというビジネスを通じて、このような理念を掲げていきたいと思っています。

隕石は万人に効果がある？

ズバリ言いましょう！　同じ隕石を持っていても効果がすぐに出る人、効果が出るのが遅い人がいます。

例えば、**心が優しい人は願いがすぐに叶いやすい傾向**にあります。あとは、その人が秘めている「潜在意識」の強さが影響します。

隕石のパワーは、潜在意識をすぐに顕在化させるように作用します。物事をずっとネガティブに考えている人は、ネガティブな現象がすぐ表に出るし、ポジティブシンキングの人なら、たちどころに良い結果を生みます。

隕石を求めてお店にいらしたお客様に対して、私は何気ない会話を通じてその人がポジティブな人か、はたまたネガティブな人か、どちらのタイプだろう？　と観察・判断しています。

その人の脳に間違ってインストールされたプログラム……ネガティブな思い込みのようなものを、会話をしながらちょっといじりながら解きほぐしてあげます。その後で隕石を手渡すようにしているのです。

人間には機械のようなところがあって、一度誤作動をしてしまうとなかなか復旧しにくくなります。しかし、その誤作動のメカニズムを理解

ポジティブな人ほど潜在意識が活発なので、隕石の効果も得やすい。

しているエンジニアが、**適切な脳のボタンを押して再起動**してあげれば、すぐに元どおりのポジティブな自分に戻ることができるのです。これも私の使命だと自覚しています。会話を通じたセッションのおかげで、お客様からは、

「王子から買った隕石のおかげで、すべてが良くなった」

という反応が返ってくるので

す。隕石の力も大きいものですが、私がネガティブな思考を解きほぐしていることも、隕石の効果を存分に発揮させるために必要なことなのです。

多くの人に共通するのは、体調を改善したいという潜在意識です。第1章で紹介したとおり、隕石からは遠赤外線が出ているので、体調を好転できることは間違いありません。

そこから先は、状態が良くなったことに**「気づく脳」にお客様の脳を導いてあげる**必要があります。

人間というのは案外、ちょっとした改善や小さな幸せに気がつかないものです。小さな良いことに気づかないでいると、どんどん感受性が鈍くなっていき、大きな良いことにも気がつかなくなってしまうのです。その結果、「良いことがちっともないな〜、私は不運なのかな」なんて、ネガティブな思考に陥ってしまうのです。

「そんなことないよ、あなたは幸運だよ」というように、お客様自身が自分のことに気づけるような会話をすると、「そうかな？　王子が言うんなら、私って幸運なのかな？」と、みなさんポジティブに考えを転換できるものです。私はこの会話を、**言葉で伝える脳のマッサージ**のようなものと考えています。

あとは基本的なことですが、自然の森羅万象すべてに感謝すること。大宇宙の神様からの贈り物である隕石への感謝を忘れずに生きていってほしい。そう望むばかりです。

「引き寄せの法則」？　いいえ、「当たり前の法則」

昔から多くの人に信じられてきた「引き寄せの法則」という思考法があるのをご存知でしょうか？　私から言わせてもらえば「引き寄せ」などという力の存在は当たり前のことなのです。「引き寄せの法則」関連の書籍が種々出版されて流行したとき、私も読んでみました。しかし内容に関しては、ちょっと違うなって思ったのです。

私の中では、潜在意識を使って願いを叶えることなど、

「当たり前の法則」

であると思っています。

あなたの願いが叶うのは、あらかじめ準備をされた運命のように考えてはいかがでしょうか？

頭の中で閃いた段階で、すでに運命はすべて準備されているんです。実現する準備が整ったとき、脳内にやりたいことが閃くのです。

私など、「そろそろ隕石ビジネスの節目として、本でも出版してみたいな」と頭に閃いたら、3日後ぐらいにヒカルランドの社長さんから連

絡があって、この本の出版オファーが来たのです。

今乗っているセカンド・カー（ワゴンタイプのクラウン）を入手したエピソードもお話しましょう。

私は最近サーフィンを始めたので、「もう1台車がほしいな、軽トラックでも買おうかな」と思っていました。そんな矢先、同級生から突然連絡がありました。なんと「王子、車もらってくれない？」と言うではありませんか。そう聞いた私は**「やった！　ラッキー‼」……とは思いませんでした。**

と言うのも、頭の中で閃いたとき、すでに自分の運命がいろいろなものを引き寄せると自覚していたので、一喜一憂するに及ばないと言うか、その程度で喜んでいては時間がもったいないのです。

「ああ、連絡が来たか」くらいの、そっけない感じで受け止めます。

神様からしてみれば、私が車を買おうがタダでもらおうが、一緒のことなのでしょう。結果として、「私の所有している車がもう一台増える」ということが現実になっただけです。

「ま、そんなものかな」という感じで、今の私、だいたいの願いが叶っています。

「引き」が強い

とは言え、これは少し特別なことなのかもしれません。クジなどをよく当てる強運の持ち主のことを、「引きが強い」と言いますよね。手前味噌ですが、私も生まれつき、「引き」がとても強い方です。

小学生の頃にくじ運が強かったので「あれっ、ひょっとして」と自覚するようになり、中学生のときにはもう、自分は「引きが強い」人間だと確信していました。私のお店自体も引き寄せスポット、パワースポットになっていると多くの方々が感じるようで、私にそう言ってきます。

いかがでしょう。こうした流れから見ると、私のビジネスがうまくいっている一因として、隕石を販売するという話題性もさることながら、たぶん私が自ら持っていた運気・引きの強さが向上し、良い結果を残せることができているのだと思えてなりません。自分の中にある「願えば叶う」という意識……。その意識のパワーを本気で信じられるようになると、「引き」とか「寄せ」とかいうのは、あって当然の能力になってきます。

みなさんには不思議に思われるかもしれませんが、私にとってはなんら不思議なことではないのです。

例えばこれから隕石を所有したら、**会いたい人に会える、といった類いのことは、まず自然に起こる事象です**。このレベルの出来事なら、放っておいても隕石が勝手にもたらしてくれます。

けれども、さらに運を高めていくには、そこから先が重要なのです。出会った人とどういう関わり方で付き合っていくのか？　あるいは、巡り会ったチャンスをどう活かして発展させていくか？　全部が全部うまくいくようにと想像しても、さすがに隕石のパワーだけに頼っていては無理があります。

自分のできる範囲で自分の価値を高め、隕石の力がもたらしてくれた素敵な出会いや縁を、さらに大きな喜びに変えていかなくてはいけないのです。そこは自らの判断力を研ぎ澄ませていくしかありません。何度も言いますけれど、**現実的な努力に加え、神様への感謝・祈りも忘れないでください。**

マツコさんもやって来る

マツコ・デラックスさんが司会をしているバラエティー番組に出演したことがきっかけで、全国に私の名前とこの店が知れ渡るようになりました。私はマツコさんに大変感謝しております。

そして、ある日の夜、ふと「最近マッコさんの番組見ていないな～、元気にしてるかな？」なんて思いながら、閉店時間だったのでシャッターを閉めにお店を出ました。するとなんと！　偶然にもお店のすぐ隣の路上で、マッコさんがロケをしていたんです。

「あ、マッコさん、いた」って、本当にすぐ引き寄せてしまうのです。

他にもあります。友人との会話の中で、「タレントのローラさんに会ってみたいんだよね」と話していたところ、その2時間後にローラさんがカツカツとお店の前を通って行ったり……。このように、願ったことはすぐに引き寄せられてくるのです。

そんな場面でも驚いてはいけません。神様や物事、引き寄せられて来てくれた人たちに粛々と感謝をして、さらなる発展をつかむためにサッサと次に行ってしまいましょう。いちいち驚いてしまっては、すぐに次のアクションが起こせず、結果として運命の波に乗り遅れてしまいますから。

最近おもしろかった、まさに「ミラクル的な引き」の話をしましょうか。同じ1台のクルマに、1日のうちで全然違う場所で遭遇したのです。こちらも運転していたのですが、昼間に見た同じクルマが、夜になって、今度は私のクルマの前を走っていたんです。

そのクルマは、アストンマーチン・シグネットというすごく珍しい外車で、日本に何台もない車種なのです。だいたい公道で見かけること自体、確率的に相当レア。それが、全く同じ車に1日に2度も目の前で出会ってしまったんですから、さすがに私もびっくりしてしまいました。

隕石を持つと、こういう「引き」がよくあるのです。

「会いたい人に会えるようになる」というパワーは、ある意味お金が入ってくるよりもすごいことです。それをぜひ経験してほしいのです。

その他にも、隕石を身につけたら病気が治ったとか、パーキンソン病が改善されたとか、常識的には考えられないことが起こっています。

難病指定されている病いが隕石の力だけで治るというのは、信じられないことですよね。その他にも、会社員だった人が独立して、すぐに1千万円の仕事が入ってきたとか、肩凝りが治ったとか、隕石を購入してから、大物タレントの撮影会に当たったり、超人気アイドルのライブで最前列になったり、応募したコンサートのチケットが全部当たったとか、びっくりするようないいことがたくさん起こっているのです。

でも私からすれば、こんなのは隕石がもたらしてくれる、必然的な神様からのプレゼントなのです。

感謝とフォーカスの力

隕石は大宇宙の神様からの贈り物。その真価を知る人々を増やして裾野を広げることが、今の私の仕事です。それ自体、「自分の力」と言うより、

「宇宙の力」に支えられて、実践させていただいているという感覚です。

経営者が「自分がすごいのだ」と内向きになったら、そこで成長は止まってしまいます。「隕石のおかげ」「宇宙の神様のおかげ」と思っている方が、より繁栄するという体験を私自身、たくさんしてきました。

隕石のおかげで「なんでも叶う」と感じられるようになると、とても楽です。「行きたい」と思ったところへはすぐ行けるし、逆に悠然と待つこともできるようになります。

例えば、「店に来てくれるお客様に美味しいコーヒーを出してあげたいなあ」と思っていたとき、近所のコーヒーショップになかなか良いコーヒーマシンがあったので、飲みに行ったんです。そしたら、**「この店、きっともうすぐ閉じるから、そのとき譲ってもらおう」**そんなことを直感して……、しばらく様子を見ていたら、案の定そのコーヒーショップは閉店、250万円ぐらいするコーヒーマシンを安く譲っていただけました。

すぐに新品を購入することだってできたけれど、「本当に必要性があることは全部叶う」とわかっているから、ちょっと待ってみるということができるわけです。

「今は2階だけど、1階に移りたいなあ」と思っていると、そのうち1階が空いたりします。「空きそうだな」と直感して待っているので、別に驚いたりもしません。

令和元年、念願叶ってオープンした銀座店のアドレスには、4－14－3という数字が入っています。

銀座　4－14－3＝ヨイイシヤサン＝銀座の良い石屋さん

選んだわけではなく、まったく偶然なんです。偶然と言うか、私の潜在意識が引き寄せたのでしょう。いつもこんな調子です。ほしいものや行きたい場所があると、ちょうど良い巡り合わせがあるんです。

何か小さな喜びが現れたときに「隕石のおかげだったんだ」と気づくことで、次の効果を探すようになり、自分の行動を最適化していくようになります。脳は、そのように小さな繋がりから発展していくようにできているんです。

「隕石の効果なんてあるわけない」と決めつけていては、効果に気づくことすらできません。感謝をしてフォーカスするほど、効果が実感できるようになります。5年も前に隕石を買っていった人が、今もインスタグラムやツイッターに「今日は隕石つけて行く」と載せてくれているのを見ると、価値を共有する人たちが確実に増えているのを感じます。

隕石は2個目、3個目と増やしたときの効き目の差がおもしろいので、ぜひネックレスにして身につけ、量を増やしていくという体験をしてほしいです。

第4章のポイント！

◆日本には優れた人がまだまだ沢山いるが、優秀な人たちが健康問題などで能力を十分に発揮できていないことに、王子は心を痛めている。「そんな人たちに隕石を届けたい」、**これが王子のモチベーションとなっている。**

◆**隕石は万人に効果がある。**なかでもポジティブ思考の人には効果が現れやすい。

◆引き寄せの法則なんてごく当たり前のこと。**願いが叶うのは、あらかじめ準備をされた運命のようなもの**であり、実現する準備が整ったとき、脳内にやりたいことが閃く。

◆**成長を続けるためには、神様への感謝・他者への感謝を忘れずに。**「自分がすごい」という内向きな思考は、自己成長を止めてしまう。

良いことあったよ!!

隕石ジュエリー体験談2

隕石によって身の回り全てのバランスが整う

Iさん（女性）

私が好きなアイドルのメンバーが、ＹＯＵＴｕｂｅにアップしている動画の企画として、王子のお店に遊びに行っていたんです。

それで「私も行ってみたい！」となって訪れたことがきっかけとなり、隕石と王子に出会いました。

それまでパワーストーンとか、そういうものには興味がなかったんですけど、王子に会って話すうちに買ってみようかなと思えて……。パラサイトの隕石を見せてもらったら、直感で物凄く欲しくなってしまったんです。なので、私は最初の訪問で、隕石の粉とオーダーネックレスを購入しました。

ネックレスはパラサイトを使った完全オーダー製のため、完成まで少し時間がかかるので、最初は隕石の粉だけを持って日常生活を送っていたんです。

すると、早速効果が出ました。

隕石を持ってから申し込んだ、私が好きなアイドルのコンサートのチケットに見事当選！　しかも初めて最前列が当たったんです。

実はこの前から不思議な自信を感じていて、友人にも「なんだか今回は、隕石のおかげでチケットが当たりそうな気がする」って言ってたんですよ。それが本当に叶ってしまいました。

隕石を購入する以前は、「自分はあまり運が良くないな」と思っていたんです。5万人も入る東京ドームのコンサートなどでも、チケット落選を連続して経験していたので……。

それが、隕石のおかげで即チケットが当選したものだから、効果テキメンで運が上がったことを実感しました。隕石は本当に瞬発力があって、すぐに所持者の運気を上げてくれますよ。

その他に効果を実感したことといえば、ダイエット！

実は私、隕石を持ってから約14kg痩せました。ニキビ跡が残っていた肌もキレイになって、さらに白くなったものだから友人たちからも驚かれています。あとは掃除も習慣化して、身の回りの整理整頓に気を配れるようになりました。

ダイエットとか掃除といった、やらなくてはいけなかったり、やった方がいいことって、頭では分かっているけど、自分を甘やかしてできませんよね。そういう諸々のことが、隕石を持ってから継続してできるようになったんです。トレーニングも掃除もして、筋トレも。激しく運動しているわけではないんですけど、そういう意識が変わって続けられているんです。直観力も鋭くなるので、自分にとって不必要なものがわかったり、やらない方が良いことがすっぱりやめられるようになって、生活リズムも改善されました。

ですので、ある日突然痩せたとか、急に部屋が綺麗になったとか、決して魔法のようなことが私におこったわけではありません。

隕石には、「自分がやらなくてはいけないこと」とか、「自分の気持ちが弱くてできなかったこと」を、後押ししてくれる力があるんだろうと思っています。

隕石を持っただけですぐ変われるんですか?って質問をされることがあるんですが、勝手に何かが変わるというよりも、隕石を持ったことで自分が変わり、その結果もっと良い生活のループに入っていける……、そういうものだと理解しています。不思議な石なので、私たちに強い意志を授けてくれるんですね。

隕石の粉だけでこれだけの効果がもたらされたのですが、オーダーしていたネックレスが完成した後は、さらに加速したように思います。

自分の意思も強くなったし、単純に運気も上昇して、お金の入り方も変わったり、いろいろなことが良くなりました。「まるで運気の爆上げだ!」って実感したんです。

このように変化を肌で感じられると、もっと多くのジュエリーが欲しくなってしまい、さらにピアスやネックレスを購入して複数身につけています。このピアスがとても良くて、脳に一番近い耳につけるから効果が出やすいんです。明らかに装着前後で意識の違いがわかりました。その時は、隕石を多数身につけても効果が違うのかな? って思っていたんですけど、全然感覚が変わりますよ。暖かさを感じたり、意思が鮮明になったり、不思議な変化を感じました。

今では、隕石のジュエリーを身につけていることで、「守られているな」って強く感じます。

まるで、「スーパーマ●オのスター状態」のような気分。「私は無敵だ！」って強い自信が湧いてくるんですね。

今後は身につけるジュエリーを、もっと大きなものにグレードアップしたいと思っています。もっと大きなイミラックパラサイトを身に付けたいって心から思います。

この奇跡の石がさらに大きくなったら、どんなことが起こるんだろうって、ワクワクしているんです。

自分で効果を実感できたからこそ、周りの人にも隕石を持ってもらいたいと思っています。私の場合祖母や両親、友人にも隕石の粉などを渡してあげたいなって。こうやって周りの人たちにも隕石をシェアして、みんなに効果が出れば良い連鎖反応が続いていき、やがては世界が良くなるんじゃないかなって思います。

以前の私は結構優等生タイプなところがあって、完璧主義なために失敗を恐れて一歩が踏み出せなかったんです。でもこのお店で王子に会ったら、こうやって自由な生き方をしている人もいるんだなって視野が広がりました。今では色々なことに対して執着心もなくなって、なんだか全てが良い方向に進むんだろうなって、ポジティブな考えを抱いていきます。この王子から得られたマインドセットも、隕石との相乗効果を生んでいるんでしょうね。

Iさんの所持するイミラックパラサイトのネックレス。特別なデザインでオーダーした逸品。

第5章
王子の脳力

王子に質問

Q 思い描いた運命を叶える王子。かたや毎日ストレス地獄にさらされて希望の見えない方たちもいると思いますが、違いはなんでしょうか?

A **脳の力を止めてしまっているからでしょう**

私は自分自身の「引き」の強さを自覚していると述べました。根本的に、「願えば叶えられる」という信念があります。

願った瞬間に叶う……なんて、大げさに聞こえるかもしれませんね。これを読んでいるあなたも、「そんなことは不可能だよ」と考えているかもしれません。けれども、**本来人間には「願えば叶えられる」パワーと能力が潜在的に備わっている**のです。逆に問いたいのですが、みなさんはどうして、「どうせ叶わない」という反応をしてしまうのでしょうか？　不可能だと決めてかかる人たちのことを、私は不思議に思っています。

私は、この世の中は願いが叶えられる余地がまだまだあると思っています。そのためには、私たちが意識を変えて、「願えば叶う」という潜在能力（脳力）をもっと信じて、自分の行動を見直すことが必要です。

けれども、今の世の中を見回してみると、ストレスを感じる要素だらけですよね。

「満員電車に揺られて通勤しなくちゃいけない」

「理不尽な状況でも耐えることが社会人の常識」

「ローンを抱えてマイホームを持たないと一人前に見られない」

「結婚して子供がいないと幸福ではない」などなど……。

現代の人間はさまざまな思考の偏りやストレスによって、自らを縛り上げ、行動させられている状態です。**羊が牧羊犬に追い立てられて、自ら檻の中に入っているようなもの**です。こうした数えたらきりがないストレスが、あなたの「願う力」をどんどん奪っていってしまうのです。

ストレスというネガティブな力によって行動させられているから、根源的な人間としてのパワーと生存能力が鈍くなって、願いを叶えづらい脳の状態にさせているのだろうと確信しています。

シャーマンや巫女が雨乞いの儀式をすると1~2時間後には雨が降ってきた……。そのような話は古来より世界中で伝えられていますよね？

彼らはやはり、人間に生来備わっている「願いを叶える力」を使い、雨を降らせていたのでしょう。当然あり得ることです。彼らと同じように、物事をシンプルに捉え、願ってみればいいのではないでしょうか。

そして、隕石は人間が本来持っている潜在能力を、顕在化・活性化させる不思議なパワーを放っているのです。ですから、隕石を身近に置くことで、願いが叶いやすくなるのです。

脳が止まっている人々

お客様から相談を受けたり、セミナーで講演していても感じることですが、やはり現代人の多くは、いわば「脳を止めている」状態で日々を生きているのではないかと思えてなりません。これは知人の脳神経外科医も常々指摘しています。

その彼が言うには、**脳が覚醒されていない、もしくは、脳がストレスに支配されてしまっていて、働きが「止まって」しまっている人**が多いのだとか。

呼吸は浅くなり、肩や腰に力が入って硬直してしまい、まさに植物のように机の前から動けなくなってしまうような毎日の生活……。

こうなると、欲求も願望も行動も無意識にセーブされてしまうのです。

本来は、人の目を気にせずにもっとやりたいことをやって、自分の願いを叶えていくことが自然の姿なのに、ストレスを押しつけられてしまうことで脳の活動が鈍化、停滞し、行動できなくなってしまう。

本来、脳と自分の身体の活力が一致していれば、みんなが思い描いた成功を手にできるはずなのです。そう、誰にだって、人生をうまく切り開いていく「脳力」が備わっているのですから。

ストレスに加えて「過去のトラウマ」「経験」「常識」だったり、私たちを縛るいろいろな先入観が脳を攻撃し、力を解放することを阻止しようとする。

この**「脳の止まった状態」を緩ませてくれる強力なパワーを発するのが隕石**なのです。

本来の自分に戻ろうとする意志を目覚めさせるエネルギーとでも言うのでしょうか。今まで崩れていた心身のバランスが修復され、まるで幼少期の自分にどんどん戻っていく、そんな感覚です。

自分の子供時代を思い出してください。みなさんだって、子供の頃は何もストレスを感じずに自分がやりたいことをやって、声高らかに走り回っていたのではないでしょうか？　それが本来のあなたです。子供たちの方がよっぽど、ストレートに脳を働かせて、願いを叶えているではありませんか。

就活について

みんなが脳をストップしていて、私が大きな疑問を抱いている人生の代表的なイベントは何だと思いますか？

そう、就職活動です。

今は、情報や就活サービスがあふれ過ぎていて、学生のみなさんはみんな同じリクルートスーツを着て、ワケもわからず企業の都合に振り回され、かえって自分を見失ってしまうんじゃないでしょうか？

私はそうした常識に同調することなくビジネスをしているものですから、さまざまなメディアから取材を受けます。その中で、「内定が取れずに悩んでいる就活生がたくさんいます。自分を卑下してしまっている就活生の背中を押すコメントをください」などとアドバイスを求められることがあります。

私はいつも

「無理して就職しなくてもいいじゃない」

と言っていますよ（笑）。

就職なんかしなくていい、という発想も大いにアリだと思うのです。

真面目に学校に通って、大学まで行っていろいろ学んでいるのに、自分

同じスーツ・髪型で就職説明会に参加する姿は、「横へならえ日本」の縮図である。

の適性とか可能性がつかめなくて、それで就職が目前に迫ってくると、結局あたふたしてしまう……。でも、そうなるのは、自分でもわかっていたことでしょう？　そういう目に見えている展開に、「なんでわざわざ飛び込むの？」と思ってしまいます。

もっと自由に発想を膨らませましょうよ。例えば、世界一周旅行を企ててみるとか、思い切って生活環境をがらっと変えてみるとか。お金なんかバイトして最低限あれば十分なのですから。

私が伝えたいのは、**自分自身を見つける機会に数多くトライしていくことの方が、職業選びよりずっと重要**だということです。就職活動のために、机の前で自己分析なんてしていても自分のやりたいことや適性なんて見えてきません。

それよりも、見知らぬ世界に飛び込んで、自分の向き・不向き、やりたいこと・やりたくないことを本能的に見極める方がよっぽど大事です。潜在能力を解放するような機会を広げる活動というか、行動を早めに起こす方が賢明であると伝えたいですね。

「100社以上面接を受けたけど、落ちてしまいました」っていう人がいますけど、それはまた特別な才能だから、堂々と就職なんてやめちゃえって思います。「どれだけ突き抜けちゃった人物なんだろう?」って、逆に興味が湧きますよ。

ストレスの上に成り立っている社会

先ほども述べましたが、現代は何をしようが、もう100％ストレス社会なのです。**ストレスというネガティブなエネルギーで世の中のすべてが動かされている……**。何度も指摘してきたとおりです。

逆に考えれば、あなたの身体からストレスを抜けば抜くほど、あなたの能力は高まり、大きく他人をリードできるということです。

かくいう私も、100％完全にストレスが抜けきっているのかと言われれば、そんなことはありません。今後の人生の中ですべてのストレスを除去することも、人生の目的の一つであると意識しています。

これも手前味噌になってしまいますが、半年後とか1年後のことをイメージしてみても、私はまだまだ成長し続けていると思えるのです。

なにしろ、隕石パワーのおかげで、**私の脳の力は幼少期のように自由でしがらみのない状態**に戻っているわけです。なんでもやりたいことを悩まずにやっていた子供の脳ですから、自分でも驚くくらい、ものすごく成長速度が速いんですよ（笑）。

例えば、1日で1～2年分の仕事をしてしまったり、集中力のテンションがかなり高まっているのです。

収入もしかり。1回のセミナーで隕石を販売すると多額の売り上げがあり、日本人の平均年収を1日で稼いでしまうこともあります。まとまった資金を短時間で稼ぐということは、その価値は実質的には何倍にも値します。

自分の体験を通してしかうまく伝えられませんが、就職については、**「まず悩むことをやめましょう。自分の好きなことに素直になってください」**という言葉を贈ります。

あなたの脳には、あなたを成功に導く強大・絶大なエネルギーが必ず潜んでいます。まずは体からストレスを抜くことから始めましょう。

好きなことをやるためには

好きなことをやって成功するには、

「自分なんかがやっていいのかな？」とか、

「あの人に悪いなあ」とか、

「世間から嫌われちゃうんじゃないか？」とか、
このような考え方をすぐに捨てるべきです。こうした傾向の思考は、意味がありません。そういうしがらみを捨てて、自分がやりたいことがどうしたらうまくいくのかを第一に追求するべきです。


誰もやっていないこと、そして誰もが毎日できることを、本気で真剣に取り組むことが大事です。

みなさんの能力は非常に高い、ということを信じてください。私よりきっと高い能力を備えているはずなんです。自分で気づいていないだけです。

そんなみなさんの高い能力を止めてしまう原因の一つが、周囲に対する「遠慮」という、日本人ならではのメンタリティなのです。

この**無用な気遣いこそが、みなさんの成功を邪魔しています**。無用の気遣いに脳も心も人生も縛られて、その結果疲れてしまっている人がたくさん、私のところへ相談に来ています。

もう一度ハッキリと言いましょう、その気遣いはムダです。

すぐに捨てましょう。

原因は学校教育にある

指摘したような思考の人が日本人の95%を占めていると思います。95%の人が無用な気遣いをしながら、社会に翻弄されて脳の活動をストップさせてしまっているのです。

では、その思考が先に立つ原因は何か？　真っ先に思い浮かぶのは、やはり学校教育でしょう。長い間「横へならえ」の教育を受けたがゆえに、こういう状態になってしまったのだと推察できます。

横へならえのファッションをして、就職活動でもみんな同じようなスーツを着て、暑い日差しの中でも汗びっしょりになりながらジャケットも脱がずに会社訪問をする姿……そして、そのようなことを若者に強いる企業や社会……。

明らかにおかしい……、まるで呪術にかかったようで、気持ち悪いと思いませんか？

社会に出てからも、よくわからないけど、**「横へならえ」「横へならえ」「横へならえ」**ばかり強要されて、無用な常識や気遣いにしがみつこうとする……、何かもうカルト宗教みたいに思ってしまいます。

日本の企業が学生を採用する際にいちばん重視する人物像とはどのようなものか、ご存知ですか？　それは「空気が読めて、周りと協調できる人」なのだそうです。

このグローバル化が進む世界情勢の中、各国の優秀な企業は能力第一主義で有望な若者を採用し、世界をアッと言わせるような新製品やサービスを開発しているのに、日本の企業は「横へならえ」ができる学生がほしいのだそうです……。まるで権力者たちを飛び越えてしまいそうな優秀な人物を排除するための横並び教育と日本社会。

おもしろいことに、そういう「横へならえ教団」の人たちは私のような活動をしている存在を見て、「宗教みたいだな」なんて言って笑ってる始末……。もう、意味がわからない（笑）。

まったく皮肉なものです。**「どっちが宗教だよ！」**なんて、いつも心の中で叫んでいるのですが……。

大げさに言えば、彼らは「理論統制」されているのです。私は、彼らの凝り固まった固定概念のモノサシによって、つねに懐疑的、批判的に見られ続けてきました。

そんな向かい風の中、周囲から何を言われても遠慮もへりくだりもせず、「自分にはまだまだ行き着きたいところがある」と目標意識を強く持ってやってきましたし、ブレることもありませんでした。それでドーンとブレイクしたときに、「王子だからこそ、実現できたんだよ」と初めて好意的な言葉をかけられ、一目を置かれるようにもなりました。でもそうじゃないんです。

本当は、みんな私以上にできるのです。もっと素晴らしい意思や能力を持っているのですから……。今はただ、社会のストレスにやられてしまっているだけです。**横へならえをさせられて、飼いならされてしまっているだけ**なのです。

なんだか末期状態の日本

そう、私から見れば日本は終わりかけています。みなさんが気づいていないだけで、世の中はもう修復不可能なほどに混沌としています。こんな時代に生まれたからこそ、私は隕石の貴重な力を伝えて社会を改革する存在になるべきだと、背中を押されている気持ちです。世の中に警鐘を鳴らしていきたいし、これから先、人間が前に進んでいく姿を誰かが見せる必要があります。私みたいな「横へならえ」から脱出した人間を媒介にして、**誰もが脳力を働かせて願いを叶える社会にする**絶好のチャンスだと思うのです。繰り返しになりますが、社会も経済もストレスによって動かされています。健全な進化発展の姿からどんどん離れてしまっている。

人類全員に当てはまる「最高の幸せ」とは何か？　こんなことを考えたことがありますか？　それは、お金でも地位でもありません。

「心身ともに、健康でいること」

です。

「健全な社会」という面からも、国民みんなが病気にならないで健康でいれば、少なくとも医療費は使わないわけです。

現実的な話ですが、医療費もすでに破綻しかけています。私からすると、「もう日本、終わってるじゃん」と断言したくなります。

医療費は、本人3割負担で、7割は国が持っている。国家予算上の医療費は45兆円を突破してすでに破綻状態にあるのに、病気をねつ造しているではありませんか？

医療という巨大利権。これこそがストレス社会の発祥源であり、社会悪のベースがガッチリと築かれてしまっている。体調が悪くなって病院に行くとしましょう。病院では症状を押さえ込むだけの対症療法ばかりで、身体にダメージを与え、もっと病気になる危険性を秘めた薬を与えられるわけです。みなさんも経験があるでしょう？　お腹が痛いだけなのに、もらう薬は3～4種類もあったりして。「念のために出しておきましょう」などと、もっともらしく。

要はストレス、つまり**みなさんの心身が病んでいる方が、巨額のマネーを生み出しやすい**と誰かが決めつけて、こんな社会におとしめてしまっているのです。

例えば、仕事がきつくて毎日遅くまで残業をしていたら、その反動から大量に飲酒をしてストレス解消しようとするでしょう。他にも、恋人にふられたら酒を飲んだり、甘いものを食べたり、ドカ食いしようと考えてしまいますよね。実は甘いものも一つのストレス源なんです。タバコを吸う人は、すごく甘い缶コーヒーを飲んだりします。あれもタバコを吸いたくなるストレスを打ち消すための中和剤なのです。

気をつけていただきたいのですが、人間はストレスを感じると、それに対処しようとして別のストレスを取り入れる傾向があります。**脳が疲れた状態では、ストレスをストレスで打ち消し合わない限り、消えないと思ってしまう**のです。しかし、本当は打ち消し合ったように見えても、結局体の中に2つ以上のストレスを入れているから、体はストレスをため込んでいく。そしてこのストレスを打ち消すために、次はもっと強い酒を飲んだりして、連鎖するようにストレスを入れ続けるようになってしまうのです。こうしていくうちに、脳はどんどん活動をストップさせてしまうんですね。余談ですが、日本では、街の至る所でお酒が買えて、歩きながら飲めますよね。こんなこと、先進国では珍しいと感じます。

ストレスは私たちの脳を止めるためにわざと作られている

みんなが、このような「ストレスの負のループ」のせいで脳を止めてしまっているのです。もちろん理屈だけで分析したわけじゃなくて、過去の私自身がまさにそのとおりでしたから（笑）。私が営業マンだった頃、タバコは1日に2箱、3箱は当たり前に吸っていました。タバコとセットのように甘い缶コーヒーもガブガブ飲んでいて……。その上仕事は忙しいから、夜はウサ晴らしに繁華街にくりだして酒を大量に飲む。そんなストレスをため込み続ける生活を繰り返していたんですね。

この負のループは誰にだって起こり得ることです。そして私たちは、この事態をしっかり認識して、抜け出さないといけません。

金銭面からしても無駄だらけ。大まかに試算してみても、お酒を飲んだりタバコを吸うためのお金を積み上げたら、結構な金額になります。約500円のタバコを365日、40年間吸う……、その上タバコ代が上がっていくことを考えたら、1千万円以上使うことになるでしょう。

同じ生活パターンの人が2人いたら、もう不動産だって買えてしまう。

こういう実態を当時の私は考えもしませんでした。

タバコとかお酒とか、そうした嗜好品は、心の安定を求めるための「刹那的な対症療法」にすぎないのです。

根源的な心の安定を得たいのならば、答えはもっと別のところにあるのです。例えば働いて得る収入にプラスして、財産と言えるものがあったら、そしてその財産がお金を生むようになったら、真の心の安定につながると思いませんか？

よほどのお金持ちの家庭に生まれない限り、実は**「財産を作りながら働く」という目的意識**が自分を変えるモチベーションになるのです。ビジネス面で成功するためにも、「財産の創出」を意識することは大事な姿勢だと思います。

要するに、そういう目線を持つことによって、ストレスの負のループからの脱出口が見えてくるのです。一つの勤め先からの収入に依存してばかりいるから、強制的に理不尽なストレスに耐え続ける生活を強いられてしまうのです。しかし、もし他にも収入を得る手段が複数あったら、少なくとも気持ちは楽になるのではないでしょうか？

あなたに残業を強制するアホな管理職や、理不尽な取引先に従う必要もなくなります。もし勤め先をクビになっても困らないだけの収入があれば、ストレスを受けるような要求を突っぱねることができます。もし退職することになっても、次に新しいことに挑戦できるわけですから、それはむしろありがたいことではありませんか。

新しい活動ができるようになるためには、その前にどう行動すれば賢明でしょう？　普段から次の方向性を考えながら仕事をしたらいいのではないかと私は思います。

今の若い子なら、早めに気がつけばもっと力を発揮できるようになります。**ゆとり教育の影響なんて全然関係ありません、**彼らは旧世代とは価値観も違うし、変なしがらみにとらわれない分のびのびとしたパワーもあるし、魂も全然違う。私は彼らが、日本に新しい風を運ぶ存在のように思っていて、期待しているのです。

今の0歳～10歳が成長して10年後になったら、それぞれまったく異なる価値観を持っているでしょうし、社会の中で見えているものが私たちとは違うものになるでしょう。そういう点では非常に楽しみです。

子供たちには別のものが見えている

余談ですが、見えているものと言えば……、幼い子の中には前世とか見えてしまう子もいます。彼らは私たちと違って、身体が新しい細胞でできていますから（笑）。どうやらわれわれ世代とは見えているものがさまざまに違うようなのです。

お店にもお子さん連れのお客様がいらっしゃいます。子供たちは私に、

「アタシね、アタシになる前は○○○○だったの」「ボクね、前世は○○○○だったんだよ」なんて、無邪気に教えてくれるのです。

私もそういう感覚がわかるので、驚かずに「ああ、よくわかったね、君の前世」なんて褒めてあげるのです。

ポケモンGOにしても驚かされます。小さい子の中にはスマホの画面を見なくても、ポケモンがいる位置がわかっちゃう子がいるんです。

生物的に進化したセンスと能力が全身に備わっていて、センサーみたいに反応、検知しているのではないでしょうか。

今の子には不思議な感性があります。でも、こうした生態の変化を私が真剣に指摘しても、周囲からは「誰にも信じられないよ」などと言われてしまいます。そう、**古いオトナほど信じない**。

もう世の中のベースが古くて古くて……、例えば、政治家や、権力を欲しがる人というのは、私からするとすごく古くさい錆びついた魂の持ち主とカテゴライズせざるを得ません。魂のレベル的に言うと、もう1千年から2千年前のまま何も変わってない。古代ローマ帝国の時代から変わらない、権力こそ人生の幸福だと捉えるコテコテの価値観です。「こんなのおかしい」、「古い価値観をがらっと変えよう」、「刷新しよう」こうしたスローガンをいつの時代も掲げていますが、古い人をすげ替えたら、そこに新しく座る人もやっぱり魂が古い人で……。結局堂々巡りなのですね。

理不尽きわまりないと思いませんか？　社会基盤の価値観や、いわゆる常識と呼ぶ事柄なんて、一歩引いて見てみれば、古い人が作った台本どおりにやっているだけでしょう。

「会社組織」という狭い世界ではどうでしょう。だいたいの場合、お手本となるべき上司や役員も古い魂の持ち主で占められています。その会社に入社して働き続けたとして、30年後の自分はどうなるかということをまず考えてみましょう。そして、生活スタイルとか金銭感覚というものを含めて、30年先を歩いている上司の姿がそのままお手本になるとしたら。想像してみてください、なりたいですか？　なりたくないですか？

そこで、自分の30年後のイメージが「こんなもんか…」などとあまり良くないイメージが透けて見えたとしたら、もうその場所では夢や展望なんて持てないはず。脳だって、もう働きたくないと拒絶モードに入るに違いないでしょう。

もっと開き直った方が良いと私は思います。自分の願いを叶えるために積極的に副業したり、資産運用したり……。「やろう！」と一歩踏み出してしまえば、どんどんできるはずですから。画一的な「横へならえ」の価値観から抜け出すということが、どれほど核心を突いているか。人生の使命のうちの一つと胸に刻んで、ぜひ取り組んでみてください。

私は常々、「みんな、1千年、2千年前の古い魂とは違う人なんですから、絶対に変わることができます！」とエールを送っています。

価値にこだわり働く

私はたしかに、職業的にすごくレアな、隕石の価値を上げるという仕事をしていますが、世の中に存在する仕事というものは、本来すべてがそういうもので、基本的な部分では通底すると思うのです。

今、こうした立場になってみて、あらためて感じることです。

「自分の仕事には価値と意味がちゃんとある」……こういうポジティブな意識を持って仕事をしている人たちって、すごく少ないんじゃないでしょうか？。

なんというか、大多数の人は淡々と仕事をこなしてるって言うのかな。

私もサラリーマンだったからわかりますが、与えられた目標をクリアさえすればいい、という範囲で淡々と仕事をこなしているだけになっていないでしょうか？

働いている全員が、いくらかでも「商品の価値を上げていこう」とか、「会社の価値を上げよう」「自分の価値を上げよう」という意識を持っていたら、**世の中って絶対良くなると思いませんか!?**

だけど、そのように「価値」にこだわって働いている人は、本当に少ないと思います。そのごく少数の中でも行動を起こしている人はさらに少なくて、実際に成果をあげている人なんて、人類のうちのわずか0.01％ぐらいなのではないでしょうか。

だからみんな、もう少し身の回りの「価値」というものに注意を向けて、自分の価値や仕事の価値、関わっている商品の価値を上げよう、と動くことができれば、より良い社会が築けるんじゃないかな？と思います。

第5章のポイント！

◆**多くの人々が脳の動きを止めてしまっている**ため、理不尽なストレス社会を受け入れてしまっている。

◆隕石には、止まってしまった脳を再び動かして、**誰もが自分の願望を叶えられるようにする効果がある。**

◆**日本はもう末期状態。**新しいストレスが生み出され続けていて、そのストレスによって成り立っている状態。

◆**子供や次世代の若者たちは魂が新しい**ため、しがらみにとらわれた日本を変えられる可能性を秘めている。

◆みんなが自分の価値に気づけば、**より良い社会が築ける。**

王子のこと、もっと知りたい!!

王子に質問!! 一問一答

1 片づけは得意ですか?

片づけ……、私はあまり得意ではありません(笑)。

でも、とりあえず捨てることを心がけています。やはり物がたまっていっちゃいますからね。片づけというのは、単に物が移動しただけ、これでは整理になってないんです。物をためると、運気とか、良いものも悪いものもいろいろと停滞しちゃうんです。

親の形見だとか、思い出が残る品でも捨ててしまいますね。別に所持することにこだわらなくても良いんじゃないかな?って思っていて……。人が遺してくれたという事実には感謝をしますけどね。

あまり物質には依存しないようにしています。物がなくても体ひとつあれば仕事ができる、というような身軽さを持ちたいからです。「さまざまな物がなくては商売ができない」なんていうのも単なる思い込みで、そういうストレスからも離れてみたいなと思ってます。

スマートフォンひとつあれば良いじゃない、っていう時代になってきていますし、あと10年もしたら、携帯が脳に埋め込まれて手ぶらで生活するような時代になりますよ。

2 隕石って商売敵と取り合いにならないんですか?

仕入れの話はよく聞かれます。facebookとかでも「隕石買いませんか?」って世界中から問い合わせが来ます。営業メールからは買わないけど、外人さんから売り込みのメールが来ると、「へー、そんな時代になったんだな」って思いますね。

海外への買い付け、ということも考えられますが、私はかなりの数の隕石をすでに確保しています。

隕石の争奪戦になったらどうするのかって？　争奪戦にはならないでしょうね。もう、ほぼ良質の隕石は押さえてあるようなものだから。同業者から売ってくれってていうケースも増えていくでしょうね。

スピリチュアル関係の仕事をしている人……例えば占い師の方なんかもよく買っていかれるんですよ。やはり宇宙のパワーとか、目に見えない力に敏感な方からは、**「良質の隕石があればすぐに紹介してほしい」**なんて、リクエストまでされます。

ある有名な女性マンガ家さんの話ですが、ご自身が体調不良で大病のちょっと手前だったらしくて……手術するかどうかというときにウチの隕石を購入されていきました。そしたら、1週間で完治したって喜んで報告しに来てくれましたよ。

3 食べ物には気を使っていますか？

私は、外食をしないし、酒も飲みません。肉はもう10年食べていないです。

多くの人が気づいていないのですが、モノを食べるってリスクです。

現代人の食生活は非常にまずい状態です。食品添加物がこの先人体にどのような影響を与えていくのか、まだ統計が取れていないんですから。

特に日本は化学物質の規制が少ないです。ヨーロッパではマーガリンが禁止されていて、トランス脂肪酸とか悪いものには高い税金をかけています。

これから化学調味料を摂取した人たちの脳が止まってしまい、事故や殺人事件を起こして、世界が狂い始めていく……、僕はそんな状況がやって来る予兆を感じています。

この商売をするようになってから、そういう食のリスクを考えるようになりました。「〇〇を摂取すると体に負担をかけるから避けよう」と感じられるようになったので、自然と食べるものは選別するようになったのです。その効果か、昔は肉・酒・タバコを大量に摂取して疲労をたっぷり抱えた人間でしたけど、隕石を持つために自分の肉体と精神のバランスは適切かどうかを考えて、不要なものは食べないようにしたのです。その結果、すごく体もシャープになりました。自分はこの隕石を持つのにふさわしい人間なのか、**隕石の力を享受して、みんなに素晴らしさを伝えられるような体型・健康状態を維持できているのか？** なんて自分自身に問いかけていったら、自然と食べるものも選びたくなっていくものです。例えばコンビニなどで売っているお菓子やお弁当などは、食べると体の中が詰まり、運気がうまく通らないような感覚を覚えるので食べません。私のオススメは豊洲市場などに行くことです。

あそこにある食材は美味しいし、本物です。食事を変えることで、日々の意識がガラリと変わりますよ。

4　疲れたときはどうしますか？

お店に来る人や、ブログなどを読んでくれたお客様からよく質問されるのですが、私は疲れを感じること自体が少ないです。とりあえず365日ほぼ仕事をしているので、グターっとだれて1日を過ごすなんてこともないですね。それにもし疲労を感じることがあったら、やはり**自分と向き合うことでしか疲労を取ることはできません。**自分で答えを出して、すぐに「次、次‼」なんて自分を前に進ませてしまった方が精神的にも良いですよ。

それに私の場合、隕石のおかげだとも考えられます。「隕石を持つと全然疲れない」っていう人がすごく多いです。お客さんからも「あれ？そういえば全然疲れなくなったよ」って感想はよく聞きます。

こうやって「隕石のおかげ」というふうにお守りのように考えると、心が強くなるようにも考えられますよね。例えば「神様のおかげ」なんていうように、自分が頼りに感じられるものを身につけられるっていうのは、それだけ力が湧いてくるきっかけになるものです。

でもそれは結局、自分の力でもあるから**自分も褒めてあげてください。**あなたの力を隕石が増幅してくれているんです。もともと秘めていたパワーは、あなたが育ててきたものなんですよ。自信を持ちましょう！

5 最近隕石を買った人で、効果のあった人はいましたか？

私のお店にはたくさんのお客様がいらっしゃいます。その中には芸能界の方も多いです。最近ではアイドルの卵の方たちが、自分の運命を切り開きたくて購入する、というケースもあります。

この前も**有名なアイドルプロダクションの若い男の子**が、隕石ジュエリーを購入していきました。

そのときの彼はまだ名前も顔も売れてなかったんですけど、隕石を持たせて、私が背中を押したらズバッと意識が変わったようです。今では売れっ子になって、デビューも決まり大活躍しているようです。

その彼のファンたちも、「隕石のおかげだ」と気がついて、お店にドドッと来店されました。でもこんなケースは良くあることです。

男女問わず、生き馬の目を抜くような厳しい業界に身を置いている子たちは、努力するのはもちろん当然のこと。努力をして、さらにその上に神様からの贈り物である隕石を身につけて、感謝の気持ちを忘れずに運も味方につけることが、とても大事なんだと思います。

6 どうして銀座にお店を移したのですか?

少し前まで、お店は押上にありました。そこから現在の銀座へ移ってきたんです。

銀座へ移店したのはなんとなく……、ではなく、当然理由があります。

それは、都内の他のどこよりも、銀座が素晴らしいパワーに包まれているからです。**とにかく風通しが良いん**ですね。

皇居からは清涼な風が吹き抜けてくるし、海からの新鮮な風も街を通り抜けていく。こうすることにより、銀座地区全体のエネルギーが、常に新しいエネルギーへと入れ替わっているんです。

風が、良い運気も悪い運気も新しくリセットしてくれる土地なので、ビジネスにはとても向いています。空気の流れが悪い場所は、悪い気がいつまでも溜まってしまい、人の運気にも悪影響を及ぼします。

人が自然と集まる賑やかな場所というのは、いわゆるパワースポットと同じで、そうなるべき理由があるんです。銀座は交通の要所としても便利です。

そして、**銀座を歩いている人が持っているパワーも、他の地域の人たちと比べると段違いに強い**のです。何より感じるのは、人々の魂が新しいということです。私や隕石の力もすぐに感じ取ってくれるし、空気もまったく違うのです。

以前、押上にかまえていたお店はスカイツリーの前にあったんですが、道ゆく人たちからは「怪しいお店」のように見られたことも多々ありました。しかし、銀座の人たちはそうではありません。成功していて余裕のある人たちというのは、えてして他者にも寛容であり、多様性を認めているものです。

私のように自由に稼ぐ生き方がある、ということも理解しているため、とても興味を持って接してくれるのです。

「君、パワーがすごいね。どうやったらそんな力がつくの？　教えてよ」なんて声をかけてくださいます。

そして、銀座に店舗を持つということは、社会的な信用を得るためにも重要です。

名刺の住所が「銀座」となったことで、多くの立場の人たちと対等に話せる環境ができたと思います。銀座にはそんな副次的なパワーがあるんです。

もっと売上を上げて、銀座の中心部に店舗を移していきたい。現在はそんな目標を持っています。

7 王子が会いたい人はいますか？

会いたいのは魅力的な女性かな（笑）

なんて冗談はさておき……、

特に会いたいと思っている人はいません。昔から著名人に会いたい、という欲はないんです。

人に「会う」というのは縁です。**縁というのは、もう既に結びついていることが決まっています**から、あとは必要なタイミングになるのを待てば、必ず会えるものです。

もし次に「〇〇さんに会ってお話したいな」という気持ちが生まれたら、それは確実に実現されることになるでしょう。

それが一体誰になるのでしょうね。少し楽しみでもあります。

良いことあったよ!!

隕石ジュエリー体験談3

イヤな人間関係・環境から自然に離れ、
逆に仕事が入ってくるようになり、独立できました。

Lさん（男性）

隕石を初めて買った日から、効果を実感しています。
私はもともと、知的好奇心から宇宙そのものに関することが大好きだったんです。それであるとき、「隕石を使ったジュエリーを売っているお店はないんだろうか？」とふと思い調べていたら、友人が「この前、隕石屋に行ってきたよ〜」なんて突然連絡をくれたんです。この時点でもう隕石に引き寄せられていたのかもしれませんね。

そうして、お店で王子と出会いました。

そのときはお店にディスプレイされていた隕石を使ったネックレスを買って帰りました。王子自らデザインしたジュエリーはとても格好が良くて、すぐに気に入りました。

そしたらなんと!! すぐに効果が出てしまったんです。

持ったその日から、思考がすごくクリアになったというか、体も軽くなったというか……。急に掃除にもハマり出しちゃって、何もかも身軽になっていきました。それで、もう少し住居を広いところに引っ越したいと考えるようになったんです。トントン拍子に良い物件も見つかっていざ賃貸契約。

ところが、「好事魔多し」と言うとおり、そういうタイミングで降って湧いたような人間関係のトラブルに見舞われてしまい、仕事も辞めてしまったんです……。

それで住居契約後にお金の入金期限が迫っていて、どうしようかな～、と思っていたら、ドカドカドカっと人づてに仕事を紹介してもらえて、そのままますんなりと収入もアップ、独立できてしまったんです。

当然スムーズに引越しもできました。後になって考えると、隕石が私と相性の悪い人との縁を遠ざけて、生活を守ってくれたんだと思います。

あのときは、「隕石……本当にすげ～な……」と、驚嘆してしまいました。それからというもの、就寝時以外は肌身離さず、隕石ジュエリーを身につけています。

今では、朝起きたら真っ先に、その日を戦うための隕石ジュエリーを選ぶ……。それが楽しみの一つとなっています。

そして、それ以来私は王子のファンです。彼のすごいところは、ビジネスセンスだけではありません。

彼は実際に気の流れやパワーといった、目に見えない力に敏感なので、隕石ジュエリーをオーダーすると、個人用に調整してくれるんです。

それこそ、隕石が持つ力を、身につける人に合わせて調律してくれるかのように。すべてがわかっているようなんです。

作ってもらった隕石ジュエリーは、身につけた瞬間から肌感覚で「なじむ」ということがよくわかります。

私の肌に触れても違和感がまったくなく、それどころか肌と同化するようにしっくりとくるんです。

隕石、それ自体もパワーを持っているのでしょうが、そこに王子のパワーも加えられて相乗効果になっているのでしょう。この隕石ジュエリーがあれば、体の芯から力が湧き出てくること、そして大きな力で守られていることが実感できますよ。

第6章

王子の展望

王子に質問

Q

Aー(人工知能)が将来人間の仕事を奪うというニュースもチラホラ……。そんな時代に不安を覚える人に向けて、何かアドバイスはありますか?

A

Aーに仕事を奪われたら、そのAーを使ってできるビジネスを始めましょう。Aーをこきつかってやるんです。

AI時代を迎えようというこれからの社会。人々の行動や生活はどう変わっていくと思いますか?

たしかにこれからの生活は何かとAIに委ねる割合が高くなって、私たち人間の活躍の場がなくなるんじゃないか、と不安がる声もあります。グーグルやマイクロソフトのような大企業が操る人工知能の数々。そのクレバー過ぎるパフォーマンスに、脅威を感じる人もいるでしょう。

しかし私からしてみれば、どうも話が先走りし過ぎているように思えてなりません。

「いいですよ、私の仕事がなくなったって。なくなったらこちらもＡＩを買って、ＡＩに労働させて、新たなビジネスを始めますから」

と言ってやりたいです。

私の仕事は絶対にＡＩに奪われることはないと自信を持っているのですが、もしＡＩやロボットに仕事を奪われるとするならば、ロボットに大いに仕事をしてもらえばいいじゃないか、という見解です(笑)。ロボットに本当に仕事ができるなら、ロボットに金を稼いでもらって、利益を取ればいい。もしロボットに職業を奪われたとしても、人が変わることなく生き続けられる社会の仕組みが生まれるのではないでしょうか？

でも、もしロボットが人に代わって稼いでくれるようになったら、金銭というものに対する私たちの感覚は変わるでしょう。それ以前にモノもサービスも、これからは、「ほしい」と思ったときにもっともっと手に入りやすくなるのではないでしょうか。

Ａｍａｚｏｎなどは、スマホでポチッって注文すれば翌日商品が届く。もうそれが当たり前になりました。昔は「探す」という行為もかねて店舗まで買いに行かなければならなかったのが、ここまで変化したわけです。特に書物の購入方法は劇的に変わりましたよね。インターネットで検索したら、求めている内容の本、タイトルが全部出てくる……。昔だったら本屋巡りをして、目当ての本を見つけ出すのにどれだけ時間がかかるかわからなかったものが、家にいながら即時に買えてしまう。ロボットは介在しないけれど、今のこの買い物環境もＡＩに近いテクノロジーによって実現されたわけです。

ただし、私の考えでは、「AIによって仕事が奪われる」云々の極端なニュースを本気にしてはいけません。それもまた、新たな社会におけるストレスの素を作り出しているだけに過ぎないのですから。

歓迎すべきテクノロジーも新たな「ストレス商売」のタネ

新聞やメディアなどでは、

「AIの登場で、あなたの仕事が奪われる」

「2025年には1千万人がリストラ」

という類いの文字が踊っていますね。これを見てすぐに、「あ、やばいんだ」と真に受けることはないでしょうけれど、人によっては、「どうしよう」と心にネガティブなイメージを抱えることになりかねません。

明日？　あさって？　そんなすぐに危険な状況になるわけではないのに、「やばいぞ！」と言われ続けると、私たちは無意識のうちにまた一つ、精神的なプレッシャーを抱えることになります。「病気になるよ」と言われ続けたら本当に病気になってしまった、という展開と一緒です。

ですので、ＡＩについて言えば、便利になったり、楽しくなったりする面だけを想像するようにしましょう。そして、もしそんな時代が来たら、自分だったらＡＩをどう使いこなしてやろうかと、**アンテナを高くして情報を集めておく**のが賢明です。

ＡＩっていくらで買えるのかな？　どんなビジネスに活かしたらいいだろう？　自作できないのかな？　などなど脳を働かせて自分から攻めていく考え方をすれば、ワクワクしてきませんか？

結局どういう展開になるかなんて、今は誰にもわからないのですから。

それに、こうしたニュースはどこかの利権が仕組んだ罠なのです。現実は少しもやばくありません。

ネガティブなニュースに仕組まれた罠

「世の中が不景気だ」というニュースが繰り返し流れると、みんなが一斉にお金を使わなくなります。そして、自分の収入が増えないことも、ボーナスが支払われないことも、当然だと思うようになってしまうものです。こうした情報の流布。実はすべて仕組まれた策略なのです。不景気と言っても、市場に流れているお金の総量は変わらないはずです。

なのに、影響力のある誰かが「不景気になる」と断定的に指摘すると、世の中全体のお金の巡りが悪くなっているかのように思い込んでしまう。労働者たちは、自分の収入が増えなくても「それならしょうがないか」と信じ込むようになり、給料の増額を要求しなくなる……。

ところが、その陰で誰かがすごい大金を儲けています。その「誰か」こそが、お金の流れをぐっと止めて、貯め込んでいるのです。お金は放っておいても自然と循環するものなのに、お金にいちばん欲深い連中が「不景気、不景気」とあおり立て、お金が自分の懐に留まるように巧妙に仕組んでいるのです。お金を持っているくせに「不景気ですね」と吹聴して回っているんですね。社会全体が「最近、景気良いじゃないか♪」とポジティブになれば、お金はもっともっと回るのです。

「お金がない」「給料上がらない」とぼやいている人たちに伝えたいのは、

「お金なんか、ほしいぶんだけ得られるから、みんな安心して使って生きていきなさい」

ということです。今、得られていないのは、まだ本当にほしがっていないから。心底「ほしい」と思って行動すれば、お金は必要なだけ手に入ります。もともと金持ちの人なんて数パーセントしかいないのです。みんな最初は同じようなところからスタートして、だんだん上に上がって

不景気という言葉はストレス社会を維持するための策略。惑わされてはいけない。

いくわけです。

　営業職だったら、とにかく商品を売ればいいんです。その数字を社長に見せて、「これが自分の実績だから、給料これだけくださいい」と交渉すればいいんですよ。結果的に給料が2倍3倍になるなら、**一緒に弁護士を連れて行ったって安いもの**です。そこまで本気でやるか、やらないかの違いです。

　もちろん、何をするにしても、やり方をつかむまでは大変ですよ。「桃栗三年柿八年」という言葉があるとおり、いきなり種を蒔いても、すぐに大きな実がなるわけではない。芽摘みしたり、ラップかけたり、いろいろ工夫して、ようやく収穫できるわけです。それなのに、始めて1年も経たないうちに、「できない」とあきらめてしまう人が多い。

早く見切りをつけた方が良い場合もありますが、「これしかない」と思ったことには、しっかり取り組む。そのようにして結果を出して、みんなが上に上がっていけば、世の中は「好景気」となるわけです。

お金も運も使わないと腐る

私は「お金は使わないといけないもの」だと考えています。

営業マンだった頃は、とにかく「たくさん稼いで、使ってやろう」ということしか考えていませんでした。18歳のときから、月給は百万円を優に超える月も多々ありました。それだけよく働いたし、稼ぐそばからバカバカ使っていました。

「やった。クルマ買っちゃおうかな」「ベンツ買ってきた。銀座に飲みに行こう」という感じで、細かい金勘定なんて全然しませんでした。銀座のクラブにも飽きるほど行ったし、1億、2億と飲んだと思います。

昔から「金は天下の回りもの」と言うように、どんどん社会に循環させないといけません。と言うのも、自分に貯め込んだお金や良運はどんどん消費していかないと、**次に入ってくるはずのお金はもちろん、「運」や「パワー」すら入ってこなくなる**からです。例えば、高性能のDVD機器でも、録画・記録容量には限界がありますよね？　3時間分の動画録画機能に3時間入れると、もう次の新しい情報は入りません。

お金もパワーも運も同じことなのです。良いものを次々と得るためには、良いものも悪いものも、捨てたり流したり、流動性を保たなくてはいけないようになっているのです。

例えるなら、「ドラゴンクエスト」というゲーム。新しい街に入ったら、新しくて良い装備を買って次の戦いに備えます。そしてまたレベルが上がってきたら、もっとお金を出して強力な装備にグレードアップして、古い装備は捨てるなり、売るなどします。それと一緒です。

お金も運も、永遠にあなたのところに留めていたら水槽の水のようにどんどん濁り、結局は腐ってしまいます。それならば、金も運もどんどん使い、次のステージにチャレンジしていく。その方が摂理にかなっているのです。

王子にとってお金とは

あらためて、私が考える「お金とは何か?」……そうですね、今の私の感覚からすると、お金は「経験値を高めるための物質」「交換材料」でしかない、というところでしょうか。

お金なんて自分自身の経験値を上げるため物々交換に用いる、単なるモノと、私は位置づけています。人によっては、「自分を守ってくれるもの」だったりとか、いろいろな捉え方ができると思います。お年寄りにとっては、病院の費用だったり、それこそ生命を守るための資産にもなり得るでしょう。そのときの状況とかタイミングによって、お金の「位置づけ」も「意味合い」も変わると、私は思うのです。

例え話をしましょう。砂漠のオアシスに商談に向かう途中で、自動車が故障してしまい、砂漠の中をさまよう事態になったとしましょう。照りつける太陽のせいでノドはカラカラ、水はもう残っていません。

そんなときに同行者が、「水が1リットル入っている水筒があります。1億円で売ってあげますよ」と言うのです。あなたは商談のために来ているので、1億円のお金を持っています。

こんな窮状では、お金は自分の命を守るものになりますよね。もう死にそうなくらいノドがカラカラ、次のオアシスまではもう一滴も水がない。その人から買わないともう力尽きてしまうというとき、あなたは絶対1億円を使うはずです。そのときに「え〜、どうしようかな」と迷っていたら、「もういいです。売りませんよ」と断られるかもしれません。そうなってしまったら、命を落とすどころか、生き延びてその後に展開するチャンスまでも逃すことになります。……そういうことです。

状況によってお金の意味が変わるということは普段からよく考えるようにしてます。だからこそ、今の私のステージでは、お金とはステップアップするための手段・ツールだと考えています。

お金は人生の経験値を上げるために使う

お金は「人生を良くするためのチケット」と言えるでしょう。だからこそ使い方が大事で、良い方向に使わなければ、いつまでたっても人生は良くなりません。

ポイントは、**人生の経験値を上げるために使うこと**。モノの価値をしっかり見ている経営者は、若いときからそれができています。本当に良い物と出会ったとき、迷わずビシッとお金を使うから、無駄がないんです。

私は、サラリーマンだった頃、会社の飲み会が何より苦痛でした。仕事は自己との戦いなのに、みんなで集まって〝反省会〟と称した打ち上げをするなんて、必要ないよなって思っていました。

同僚や上司とのつきあいもある程度は必要かもしれませんが、日本はあまりにもその場面が多過ぎます。つまらない飲み会に浪費しているから、大きなことにしっかりお金を使えないんです。

そもそも出世したいなら、「先輩に惚れない」「先輩をあまり尊敬しない」方がいいと思います。先輩たちはたしかに仕事ができるかもしれないけれど、せいぜい1、2年先を行っているだけのこと。その人たちと会社の近くの居酒屋に100回行ったって、人生の経験値は上がりません。それなら、1回高級ホテルのスイートを取って、ラウンジでいい酒を飲んでみてはいかがでしょうか？　お金という自分が稼いだエネルギーをどこに投じるか？という、方向性の問題です。

私はもう財布も買わなくなりました。銀行にある封筒で十分。人にお金を渡すとき、ビシッと渡せるし、そのままあげられるでしょ？　財布は渡せないし、重たいだけ。何も価値を生み出さないものを買うより、もっとプラスになることに投資する方がいいという考えです。

悩むということは、そこに可能性があるということ

私はお金の使い方などを含めて、普段自分の行動についてあまり悩みません。

もし悩んだとしたら……**その問題・課題は自分が何か新たなことを達**

成できるチャンスなのかもしれません。悩んだらとりあえずチャレンジをしてみる、投資してみる、という姿勢でいます。悩むということ自体、あなたの脳が「もしかしたらできるかもしれない」という認識をしている状態を示しているのです。

例えば、「今から30分で東京駅から大阪駅まで行ってきて」って言われたとします。一瞬も悩むことなく「無理！」と答えますよね？新幹線にしろ飛行機にしろ、東京～大阪間の移動には最低2時間程度はかかるでしょう。そういうことです。

では、「今から4時間以内に大阪駅にいる佐藤さんという人を訪ねて、合い言葉を言ったら佐藤さんが100万円くれるよ」と言われたらどうでしょうか？「うーん、どうしようかな」と少し悩むにしても、猛ダッシュでスタートするでしょう。そういうことなのです。**実行しながら、動きながら考えて、進むもの**です。

人間は、自分ができることに対して、悩むのです。

あなたが悩んでいるのなら、「やっちゃいなよ！」と私は背中を押します。悩んでいる事柄の陰には、成長のヒントがたくさん隠されています。悩んで行動が控えめになって、お金使うのも躊躇して抑えていたら、反対に貴重な機会がどんどん逃げていってしまう。悩みにぶち当たったとき、思い出してください。悩みの種は、チャンスと成功と「表裏一体」であると。

投資しない方が良いもの

とは言え、世の中には、お金を使うべきではない対象も存在していますす。それは100円均一ショップやコンビニエンス・ストアなどで売られている大量生産品です。

世の中には大量生産の物があふれかえり、商売の流れが〝原価を安くする〟一辺倒になっているのは、消費者も気づいています。

大量生産が当たり前になってしまったがために、弊害として「良い物を見極める」という大事な文化が、日本から消え失せつつあります。やっぱり大量生産品は「本物」に比べたら、たいていは粗悪品と言わざるを得ません。大企業は、「いかに大量生産して、原価を下げて売りさばくか」ということしか考えていません。便利は便利ですが、今はもうひどくバランスを欠いてる状態で、世の中すべての価値が過度に「お手軽」になっているように思います。

さらに本末転倒な状況になっています。本物に対して「値段が高い」「コスパが悪い」などと言い出す始末。手軽に手に入れられないものは悪いもの、という誤った価値観、主張が幅を利かせています。大量生産品にまみれた社会に染まってしまうと、自分が手に入れられないものは「憎い対象」となってしまうのですね。

私のお店でも、「商品が高い」と言って怒り出すお客様がときどき見られます。私からすれば、高い物がすべて本物ではないけれど、**本物というのは必然的に値段が高くなる**のですよ、と言いたいです。

また、世の経営者、会社のトップも高い物は売れない、と決めつけてしまっています。せっかく良質な商品を取り揃えていても、売り方がわかってない。良い物に対する審美眼がないから、良い物を買えない。自分が買えないから、売り方もわからない……という悪循環です。そんなケースが増えているように思います。1億～2億円の単位で儲けている社長さんでも、物を見分けるセンス、審美力に乏しいから、買うべき物を買っていないように思います。

社会にお金を循環させて、次のステップにチャレンジしなければいけない立場にいる人が、お金を自分個人を守るためのバリアにして貯めてしまっている。自由にできるお金があったとしても画一的な固定概念に従うだけで、ブランド物ばかりに身を固めて、それで満足してしまう。

私からすれば「そんなことにお金を使って、何が楽しいの？」と言いたいところですが……。

日本人は平均寿命にこだわり過ぎる

日本人は若者のうちから、周囲に認めてもらうためにわざわざブランド品を買ったり、早くも老後を気にして貯金を始めたりします。

テレビではファイナンシャル・プランナーが出てきて、老後に必要な貯金額の話をしています。

「老後は2千万円必要です」「老後は3千万円必要です」「老後は6千万円必要です」……、などなど、彼らの提案する貯蓄額が年々増加していることに気がついていますか？　そして不安をあおった後には不動産投資や投資信託など金融商品の購入を勧めてくる……。そんなカラクリなのです。「老後を考えて節約する」なんて、本当に意味がないと私は断言します。

年金だけでは足りないと言われて、みんなが財布の紐を締める方向に行ってしまえば、景気はそのぶん下向きになります。すると何が起こるかと言うと、政府は「よし、増税しよう」と考えます。そして、みんなますます買い物しなくなり、悪循環に陥ります。経済は本当に人々の感情で動いていきますから、国民が元気で、活発にお金を回していれば、増税など必要ないわけです。本来、不景気時に減税、そして好景気時に増税をして、税制を整えるべきです。

お金は使うためにあるのに、「なんかよくわからないけど、お金を貯めとかなきゃ」と思って、口座に何百万も残したまま、あるいは貯めたことすら忘れたまま死んでしまうわけでしょう？　そして、結局、忘れられた預金は国のものになったりして、目も当てられません。

私は常々不思議に思っているのですが、**平均寿命を知っていて、それを基準に人生の進め方を決める国なんて、日本ぐらい**なのではないでしょうか？　外国の人はあまり自分たちの国の平均寿命を知りません。ましてや、平均寿命を基準にして老後の資金を貯めようなどという発想すらしません。

寿命を心配し老後の費用を貯めようと、家に閉じこって節約してるひまがあったら、何度も述べているように、今ある資金を投資してチャレンジするべきです。心配しているだけでは何も生まれない。**節約してる金額などすぐに稼げてしまうくらい、経験値を貯める方が重要**ですよ。

やらないでそのまま貯金しながら過ごして後悔するよりも、さまざまな対象に投資して後悔する方が絶対に建設的です。と言うのは、人間は不思議なもので、投資をしたらそれをなんとか回収してやろうと奮起する。つまり、生きるエネルギーが湧いてくるのです。

私も本当に、手元に3万円しかないところからここまで到達することができました。隕石に出会ったあのとき、「老後のために」なんてまったく考えず、とにかく「やっちゃえ!」と踏み出して、本当に正解でした。

店に集うお客様の特徴

私の店にいらっしゃるお客様の特徴ですが、みなさん向上心が強い人が多いです。良い物をたくさん見てきた人たち、とも思えます。本物をしっかり見てきた人たちが納得した上で、私の隕石ジュエリーを購入してくれているのです。

驚くかもしれませんが、高校生で約100万円の隕石を買っていく子もいます。隕石を買うために寝る間も惜しんでアルバイトをして、がんばってお金を貯めて……、などというのは一般人の発想です。

彼は高校生でありながら、すでに自分で事業を興し、高収入を得ているのです。そういう珍しい若者、珍しい社長さん、珍しい職業に就いている人、珍しい価値観を持っている人。たしかに、私の店に集うお客様は「一般的ではない人（又は、隕石を持って一般的ではなくなった人）」が多い傾向にあるかもしれません。

そうしたお客様の存在も加わり、**店自体がパワースポットになるのは当然のこと**でしょう。

お客様との出会い、巡り合わせがあるからこそ、私は隕石の存在を「向上心が物体になったもの」と捉えています。お客様からの評価と、実態をともなった姿があるから、私の独断と偏見ではなく「向上心がカタチになったもの」と胸を張って言えるのです。

隕石がどうやって私たちのところにやってくるのか、想像してみてください。真っ暗な宇宙空間の何千万㎞もの彼方から、秒速50㎞の速さで地球までやってきて、表面の鉄を真っ赤にしながら大気圏を破って落ちてくるのです。この壮大なドラマに思いを馳せれば、膨大なエネルギーが宿っていても、なんら不思議ではないと思えてくるでしょう。

隕石を買い求める志向の人たちもまた、隕石のようなエネルギーを持っていて、何かをぶち破って挑戦し続けている人が多いのです。私の役割はそういったお客様に隕石の魅力を伝え、ただ背中を押す存在であることなのだと思っています。

今後の展望は？

もっと多くの人に、隕石を所有する価値の尊さを共有していただきたいです。

そのためには、やはり隕石を地球上で「圧倒的な存在」として見せて、紹介していかないといけません。

今のままだと伝わりにくいところもあるでしょうし、誤解もされかねません。誤解されてしまうということは、私の力不足として受け止めなくてはなりません。ですので、これからはもっとわかりやすいように成功例を見せていくつもりです。書籍しかり、他のメディアしかり。さまざまな切り口から、隕石の魅力と私の存在を発信していこうと思っています。

今はまだ、みんな価値に気づいていないだけ。隕石を持つ人が、これからどんどん増えていくのではないでしょうか。

「隕石が売れなくて、あきらめそうになったことってあるの?」なんてお客様から聞かれることもあります。正直言うと、あきらめかけたこともありました。

「ああもう、わかってもらえないかな〜、**地球人にはこんなにすごい神様からの贈り物の価値が、理解できないんだな**」などと投げやりな気持ちになったこと、何度もあります。けれども、あきらめそうになるたびに、「これも私の力不足だよな」と、ニュートラルに考えられるようになった。そうした積み重ねが進歩につながったと振り返ることができます。

だって……わからなくて無理もありませんし、隕石の価値なんて。私は長年やってきたから胸を張って「価値がある」と断言できますが、新規のお客様からすればびっくり仰天の世界。隕石がまさかの100万円で売られていて、その横で100万円をすっと払って買っていく人がいる。びっくりしない方がおかしいですよね。

そういう目線に立ち返ってみて、ではどうすればうまく伝えられるか、その課題にポジティブに集中できるようになりました。

そして、みなさんにはやはり、「なんでも叶う」という、「叶う」と思えば「叶えられる」という、真理・摂理を伝えたい。別な角度からは「あきらめてはいけない」ということも力説したいです。「成功」の反対は「あきらめ」ですから。成功した人がみんな言うように、あきらめたら本当に終わりなのです。逆から単純に言ってしまえば、「あきらめなければ成功」なのですから。成功するまでやる。そう、「成功」の反対は「失敗」ではないのです。

失敗は失敗ではない。成功の素なのです。「失敗してあきらめる」ことが本当の失敗です。**「あきらめ」というのは、すべてをムダにしてしまいます**。「あきらめたのは目の前のことだけ」と自分を正当化して「大したことない」と思っても、目に見えない大きなものを失っているのです。

私はあきらめなかった。だから、こうなってしまったのかもしれませんし、ここまでこれたのだと思います（笑）。

第6章のポイント！

◆**お金とは新しい体験を得るためのチケットに過ぎない。**老後のために貯蓄するより、モノやコトの価値を見極めながら、人生の経験値が上がるような使い方をしよう。

◆人間は、成功する可能性がないことに対しては悩まない。**悩んだら、とりあえずチャレンジをしてみること。**「成功」の反対語は「失敗」ではなく「あきらめ」である。

◆王子の店には向上心が高く、多様な生き方をしている人が多く集まる。こうして**お店自体がパワースポットになっている。**

◆多くの人たちが自分の願いを叶えられるように、**王子はこれからも隕石の魅力を発信し続けて、その価値を上げていく。**

おわりに

いかがでしたか？

こうして書籍として自分の考えをまとめてみると、自分の考えを再確認できるとともに、改善するべきポイントが見えてくるようになりました。アイデアは次々と刷新していくべきです。自分が世界の中心になりどんどん他人の世界観を巻き込んで、新しくて、若いエネルギーにあふれた世界を作っていくんだ！　これぐらいの野心的な芸術家や経営者がいたほうが良いですよね。そして、それが私の役目なのです。

今は銀座と横浜中華街にある〝Big Bang〟。今後は、これからもっとお客様に喜んでいただけるお店にして、世界中に隕石のハイジュエリーを展開させていきたいです。

近頃の私は、「ジュエリー以外にも隕石を活用できないか」と、様々な業界の方達から相談を受けることが多くなりました。

隕石から授かる力は無限の可能性を秘めているので、私自身どのようなジャンルに隕石が活用できるのか、楽しみで仕方がありません。

例えば、農業分野ではどのように活用できるでしょうか?

「隕石を使って土壌を改善し、そこで農作物を育てたい」と、とある農家の方から誘われて、プロジェクトを共同で進めることになりました。

このプロジェクトでは、農薬の代わりに酵素を作物に散布し、野菜や果物の成長を促すというオーガニックな栽培方法を研究しています。

通常では散布する酵素を育てるために、鉱物のミネラルを用いていたのですが、その鉱物に隕石を活用したら、酵素の成長がどのように変化するのか?　という、とても楽しみな取り組みです。

当然、隕石が酵素の生育に影響を与えて、作物の成長や栄養価に素晴らしい効果をもたらすことでしょう。農家の皆さんも、隕石が必ず素晴らしい成果をあげるだろうと太鼓判を押してくれています。

隕石の効果は水にも好影響を与えますから、水も土壌もさらに良くなって、今後ますます栄養満点の野菜が誕生していくことでしょう。実際に米・メロン・スイカでテストをしていますが、順調に育っており、食べられる日が来るのがとても待ち遠しいです。

他には飲食業界への活用なども考えています。

例えば喫茶店。'Big' Bang'で販売しているメテミックグラス（P36参照）をお客様に出すグラスとして使用すれば、まろやかで美味しいコーヒーを間違いなく提供できます。お酒だって水だって、液体に隕石の力が宿り、お客様に美味しさと健康の両方を提供できるようになりますよ。

また、メテミックボールは炊飯や煮物の際に入れれば、味わいそのものを美味しくすることができます。

同じように鉄板やホットプレートなどの調理器具を隕石の鉄で作れば、味も良くてさらに隕石の力が込められたパワー満点の料理が提供できるようになるでしょう。

このように、カフェや飲食業界への活用にも、大変興味があります。

さらには、インテリアやファッション、家電メーカー、美容業界など様々な業界から声をかけて頂いております。

このように隕石を活用して開拓できる分野が、まだまだたくさんあるのですから、私は毎日ワクワクしながら、新しい魂でチャレンジをし続けていきます。そして Big Bang をもっと発展させて、いずれは自分のスペース・ロケットに乗って月や他の惑星に行き、隕石を直接採掘してみたい……、そんな子供のような夢まで描いています。これが実現できたら、新鮮なエネルギーを持った産地直送の隕石をみなさんに届けて、世界中を元気にできるでしょうね。

この本を読んでくださった皆さま。是非Big Bangにいらしてください。そして、ぜひ隕石を手に取っていただき、新しい自分に挑戦してください。

「必ずなんでも叶う、なんでも叶える」という強い心が生まれますから。

星の王子

◆著者プロフィール

星の王子

愛媛県松山市出身
幼少期に海外で生活。中学校2年生まで（香港8年、シンガポール1年）
高校に進学するも中学校の時にはじめた地金の購入にハマり、高校3年間アルバイトに明け暮れる。バイト代は地金購入、バイク購入に。
高校卒業後は新聞折り込みに入っていた怪しい会社に入社。（何をやる会社かも知らずw）フタを開けてみたら大学受験用の教材販売会社だった……。6年超ブラック企業の走りの様な勤務と環境、そしてたび重なる交通事故によりアル中、うつ病、1日3箱のヘビースモーカーになり借金持ちになる。点々とアルバイト、鮨屋、交通整理、ラーメン屋、Google他、一時期屋根まで無くす。

スターバックスで出会った淑女の一言で隕石に目覚め、神様のパワーを得られる隕石の啓蒙活動と、販売を開始。

その3ヶ月後、現Big' Bang'銀座の前身となる、Big' Bang'本店を台東区根岸にオープン
２０１４年12月　スカイツリー店　オープン（栄転閉業）
２０１５年９月　表参道店　オープン（栄転閉業）
２０１７年12月　横濱中華街店　オープン
２０１９年７月　銀座店　オープン
そして、現在に至る。隕石と様々な産業を繋げている。ハワイで執筆中w

願いは100万倍返し‼
超隕石の宇宙最強パワー

第一刷　2020年2月29日

著者　星の王子

発行人　石井健資
発行所　株式会社ヒカルランド
〒162-0821　東京都新宿区津久戸町3-11　TH1ビル6F
電話　03-6265-0852　ファックス　03-6265-0853
http://www.hikaruland.co.jp　info@hikaruland.co.jp
振替　00180-8-496587
本文・カバー・製本　中央精版印刷株式会社
DTP　株式会社リリーフ・システムズ
編集担当　TakeCO／高橋さやか

ISBN978-4-86471-848-6

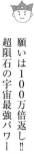

隕石ジュエリーについて

Big' Bang' で販売している隕石は " 鉄隕石 " と呼ばれる金属の鉄を主成分とする隕石です。

この " 鉄隕石 " はニッケルを 7 ～ 15%、コバルトを 0.5% 前後含む鉄とニッケルの合金です。地球上ではこのような金属鉄、または鉄の化合物を自然界で産出することはできません。鉄隕石には、このほかに硫化鉄やリン化鉄などを色有物として含んでいます。また、金属鉄の中には銅、ガリウム、ゲルマニウム、イリジウムなどの白金属元素、金などいわゆる親鉄元素が微量ではありますが含まれております。

そして、石鉄隕石（パラサイト）は鉄隕石や石質隕石に比べ非常に希少で、2 万 2507 個中 116 個しかありません。 その石鉄隕石の中でも最高級のイミラックのみを使用したジュエリー。 0.52% の希少な星の輝きを貴方へお届けします。

宇宙から長い時を経てこの地へ辿り着いた、神様からの贈り物である隕石の宝石言葉は **「永遠」「思考力」「理想」**。

是非、宇宙と隕石のパワーをご自身で感じ取ってみてください☆

当店の商品は全て**ハンドメイド**です。商品によってはオーダー後 1 ヶ月以上お待ち頂く可能性もございます。ご了承下さい。

尚、サイト掲載の商品以外にも新作をご用意致しております。ご予算に応じて隕石も 6t ご用意がございます。お気軽にお問合わせ下さい。

★ 皆様と Big' Bang' でお会いできること
楽しみにしております。

星の王子

YouTube やってます。
チャンネル登録よろしく！

星の王子より
読者の皆さまへ感謝のプレゼント！

本書をご持参の上、Big'Bang' にお越しのお客様に、一部を除いたほぼ全商品が５％割引きでの購入が可能です！
（お一人様、１冊につき１回限り、その際には本書にサインもしくは印を押させていただきます）

また Big'Bang' ホームページ上でお買い上げのお客様は、王子の本読みました！　と報告いただけますと同じくお一人様１回限り、５％割引きでの購入が可能となります！

めったにない、貴重な機会、ぜひご利用ください！

期限：2020年12月31日までとなります！

隕石美顔ローラーの使い方〈一例〉

気になるシワに

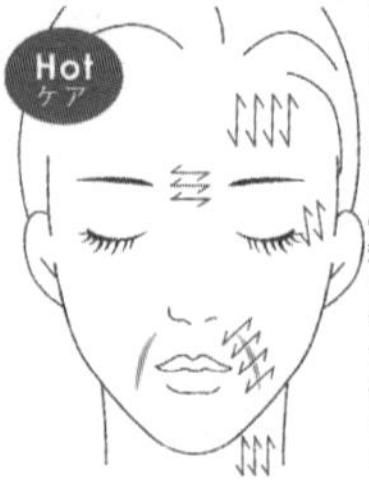

●額のシワ
●眉間のシワ
●目尻のシワ
●ほうれい線
●首のシワ
※ローラーを温めて使用すると効果的です。
目もとや口もと等のシワに対して直角にシワを伸ばすようローリングしてください。

リンパケアに

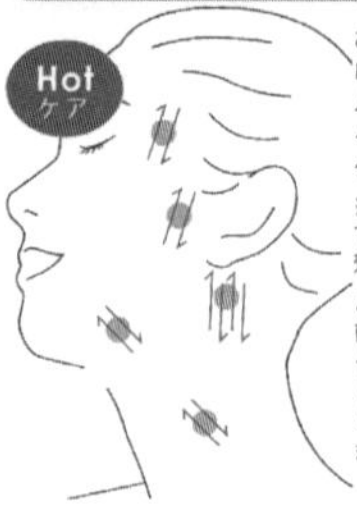

お顔のリンパ節をローリングして、ムクミの原因となるリンパの流れをケアします。
※ローラーを温めて使用するとより効果的です。
こめかみや耳の前、耳の下など触ると少しコリコリしている部分を優しくローリングします。

こちらもチェック!!

ギベオン隕石粉
■ 63,800円（税込）

●材質：ギベオン隕石（宇宙由来）、パラサイト隕石（宇宙由来）
●容量：約20ｇ
※パッケージのデザイン・包装は変更になる場合があります。

非常に希少な特Aランクのギベオン隕石と、隕石の中でもさらに超希少なパラサイト隕石を粉末にしたことで、ストレートに隕石のパワーをご実感いただけます。隕石が持つ有益な遠赤外線の照射や、脳波を安定させる特性によって、不眠の改善、精神面の安定、体調不良に好い作用を与えていくことが期待できます。また、流れ星として地球にたどり着いた宇宙の叡智がいっぱい詰まった隕石粉には、その**宇宙由来の波動によって運気がアップ**するのか、使用された方からはさまざまな不思議な開運報告が寄せられるそうです。

〈使用例〉
体の不調な箇所にあてる／手の上に載せる／丹田・チャクラなど「気」のスポットにあてる／瞑想に使う／枕の下に入れて眠る／冷蔵庫の中に入れる（消臭に）／空気清浄機に貼る（洗浄力アップ）／ジップロックに入れてお風呂で一緒に浸かる

【お問い合わせ先】ヒカルランドパーク

＊ご案内の価格、その他情報は発行日時点のものとなります。

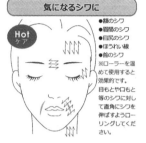

隕石＋テラヘルツの最強波動コンビで
フェイスアップ＆運気アップ☆彡

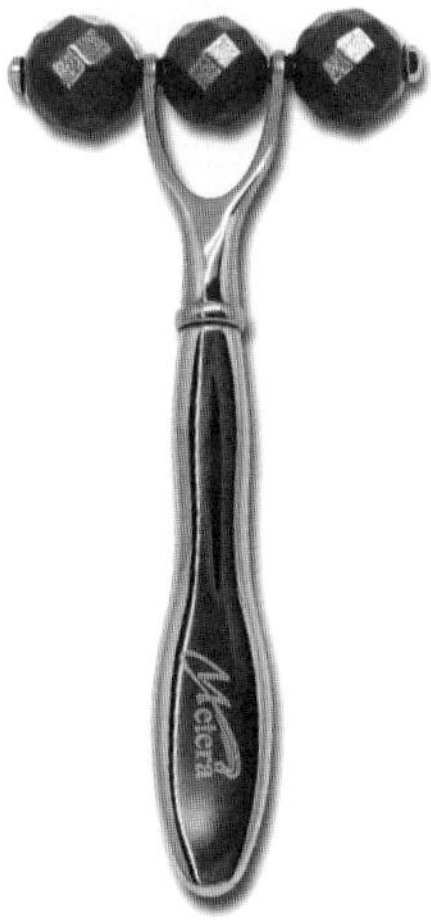

隕石美顔ローラー メテラ

■ 55,000円（税込）

●材質：ギベオン隕石（宇宙由来）、ポリシリコン（珪素）、ダイキャスト、ステンレス、シリコンゴム、真鍮　●サイズ：95×45×12㎜　●重量：約30ｇ　●ローラー本体は短時間で簡単に温めたり、冷やして使うことが可能

いつまでも若々しいお肌を保っていたい。そんな女性なら誰もが願う気持ちに応えてくれるグッズが、宇宙からヒカルランドパークに降臨しました！

それが「隕石美顔ローラー メテラ」です。多くのメディアに紹介され、隕石グッズを専門に扱うショップ「ビッグバン」の、通称・星の王子さんとヒカルランド社長石井との出会いによってヒカルランドパークでの販売が実現しました。**隕石のパワーを多くの人に知ってもらい、女性の健康や美をサポート**したいとの星の王子さんの想いによって、構想から３年を費やし完成した優れものです。

手のひらマッサージや首、肩のコリ、頭痛の緩和、目元やシワのケア、お顔のリフトアップに。さらに、リンパのケアやヒップアップにも効果的で、持ち手の部分でツボ押しもできます。職人さんの手により、最高品質のギベオン隕石をミクロレベルまで粉砕し、テラヘルツを一緒に混ぜて固めて作られ、効果が高まるよう形状やコーティングにもこだわりました。**隕石の有益な遠赤外線の波長や、血行促進、脳波を安定させる特性、テラ鉱石の優れた熱伝導**に、これらのこだわりが加わって完成されたローラーは、いつでも気軽にコロコロお顔などに転がして使うだけで、美を求めたい女性の願いが宇宙に届くかのように叶えてくれます。

中川　実

シータプラスの開発者。
柔道整復師、鍼灸師、指圧師、読脳セラピー国際講師などの顔を持ち、施術家として30年間活動。「氣の流れ」が見えるようになり、不調の原因が単に肉体的なものに由来せず、生育環境や家系、過去生などさまざまであることに気づく。それぞれの根本治癒と、人類全体の絶対幸福を実現させるために、約5年間を研究と試行に費やす。人間の生体エネルギーが、手足の指先を通じて宇宙と繋がっていることに着目し、高波動エネルギーを発するマニキュア「シータプラス」の開発に成功。スポーツアスリートや、身体機能が低下した高齢者などのパフォーマンスアップに極めて有効であったことから、全国から誘致を受けてその普及に努めている。

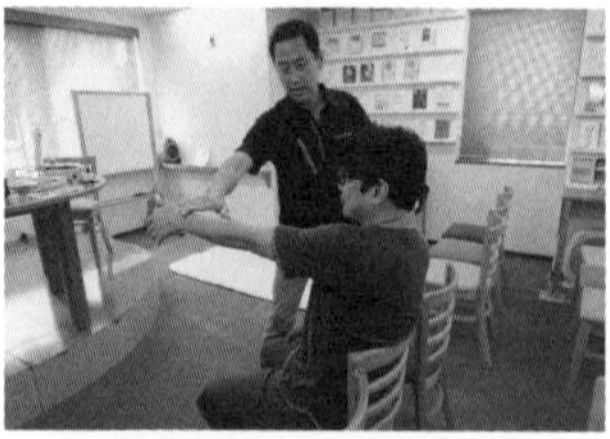

中川先生がリーディングしながら、その方に合わせた施術をします。

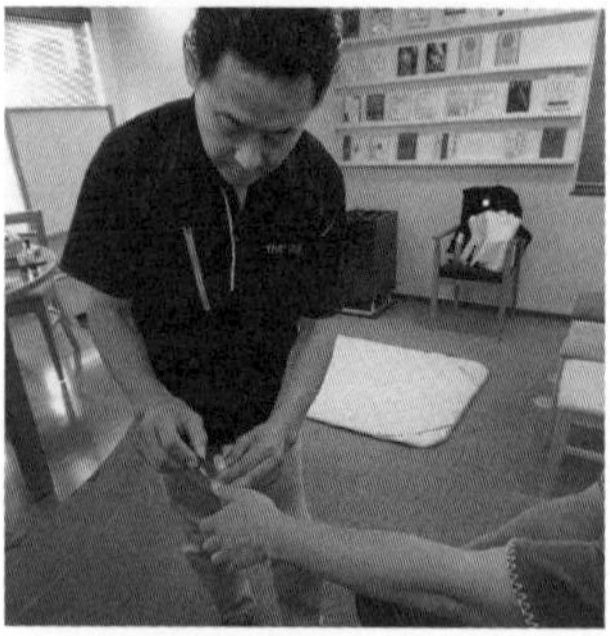

エネルギーが入るべき指にシータプラスを塗り、生命の幹を整えます。

一瞬で宇宙と繋がるシータプラス！

爪は健康状態を映し出すと言われていますが、それと同時に、見えない宇宙生命エネルギーの入り口でもあります。手足の指から入った宇宙エネルギーは上肢・下肢を上行し、内臓、脳などに到達して身体全体を養います。では、エネルギーが滞ってしまったらどうなるのでしょうか？　各指から入るエネルギーの流れに沿った筋肉の機能が低下し、力が入りにくくなります。内臓の機能も低下するため、体の不調の原因にもなってしまうのです。

シータプラスには、中川先生が選び抜いた数々のエネルギー物質が融合し、そのバランスを整えて注入されています。

男女問わず塗ることができるシータプラスで、宇宙エネルギーを身体に取り入れ、本来の軸を取り戻し、心身ともに健康な毎日を過ごしましょう！

命あるものすべてを活性化するセラミックで
水や食材の質を向上できる「FTW」

農薬や添加物があふれ、食事の不安が尽きない現代の私たち。からだに取り入れるからには、安全でなおかつ〝氣〟のあるものを選びたいところです。
FTW セラミックは電子の誘導体となることで不足した電子を補い、細胞を元気に、酸化や糖化も還元・抑制してくれるというとても優れた素材。この電子誘導が食材を蘇らせ水質も向上させるので、毎日の食事の質そのものを底上げしてくれます。また、FTW セラミックは生育光線とも呼ばれる遠赤外線を含む、高効率放射体でもあります。遠赤外線は人やペット、発酵食品に含まれる微生物、ソマチッドなどの体内微小生物に至るまで、命あるものをすべて活性化するので、体内で腸内環境を整え細胞を元気にしてくれます。
一番人気の FTW ビューラプレートは、このような優れた FTW セラミックの特長を活かし、発酵食品をおいしくつくる、ご飯をふっくら炊き上げる、調理の時短にもなるなど、食生活を豊かにします。劣化もせず、半永久的にお使いいただけるのでおすすめです！

使い方無限で万能、電池も不要
FTW 生活はこのプレートから！

FTW ビューラプレート
■ 55,000円（税込）

●素材：FTW セラミックス
●サイズ：直径144㎜
●製造国：日本
※直火で加熱することで、プレートの色が稀にシルバーに変色することがありますが、品質や効果には影響ありません。

電子の誘導体となって宇宙エネルギーを集める。遠赤外線を含む周波数を発振する。この 2 大作用により、お鍋や電子レンジに入れれば酸化や糖化を防ぎ、エネルギーを充電。その他ご自身のマッサージなど様々な用途にお使いいただけます。